DICTIONNAIRE DE LA LANGUE DE BOIS EN POLITIQUE

DU MEME AUTEUR

En collaboration avec le Groupe Jalons :

Élysez-les tous, Olivier Orban, 1988.

Politique, mode d'emploi, Hors Collection, 1994.

Geoffroy Linÿer

DICTIONNAIRE DE LA LANGUE DE BOIS EN POLITIQUE

LES BELLES LETTRES

1995

Recherches documentaires effectuées par Stéphane Lutard.

ISBN : 2-251-44046-1

A A.

« La première réforme à accomplir serait celle des mots, de leur usage, afin de leur restituer leur sens et d'éviter qu'ils ne soient utilisés pour déformer la réalité au lieu de l'exprimer mieux. »

É. Balladur, *Dictionnaire de la Réforme*, Fayard, 1993.

Préface

Selon un cliché à la mode, les Français n'ont plus confiance en leurs politiques. Ils les accusent de les tromper, de chercher à dissimuler leurs ambitions personnelles derrière des discours mensongers. Tâchons, une bonne fois pour toutes, d'en finir avec ce mauvais procès fait aux politiciens, qui n'en manquent pas par ailleurs.*

Les hommes politiques ne mentent pas. Ils utilisent un langage qui leur est propre. Ce n'est ni tout à fait du français, ni tout à fait une autre langue. Simplement, comme tous corps de métier, la politique a son jargon. Songerait-on à reprocher aux mathématiciens, aux économistes ou aux présentateurs de télévision de ne pas s'exprimer en français ?

Le langage des hommes politiques a ceci de particulier qu'il consiste, en gros, à dire le contraire de ce qu'ils pensent. Après l'avoir appris au contact de leurs aînés, tous l'adoptent. Les uns spontanément, les autres, moins

* *Lire à ce sujet : Caesar (Caius Julius),* Comentarii de bello gallico, *et sa réfutation : Duhamel (Alain),* La politique imaginaire.

doués, y viennent après leur première défaite électorale. Les plus consciencieux vont jusqu'à l'employer chez eux.

Ce langage est généralisé au point que, désormais, l'hypocrisie en politique vient de ceux qui expriment leur pensée. Heureusement, le cas est plutôt rare. On les reconnaît à un discours caractérisé par ce que les physiciens appellent « le vide absolu ».

Cependant, si les hommes politiques ne mentent pas, force est de reconnaître qu'ils éprouvent les plus grandes difficultés à se faire comprendre des Français. Pourquoi ?

On évoquera, bien sûr, la pauvreté du vocabulaire des hommes politiques, véritable handicap linguistique dû à leur passage dans les grandes écoles.

Pour être exacte, cette explication reste partielle. La cause est plus profonde : les Français ne peuvent comprendre un langage auquel ils n'ont jamais été initiés.

A l'heure de ces merveilles d'ingéniosité made in France *que sont la carte à puce, le* Shuttle *ou Bernard Tapie, il est inconcevable que personne n'ait encore songé à sous-titrer les émissions politiques. D'autant que celles-ci, preuve que la politique n'est pas aussi discréditée qu'on veut bien le dire, battent des records d'audience, à commencer par les programmes d'information gouvernementale (journaux télévisés).*

En attendant la traduction simultanée des discours et interventions politiques ou, mieux, que les Français adoptent eux-mêmes le langage de leurs représentants, un dictionnaire a semblé utile.

Nous avons recensé quelques-uns des mots, formules ou expressions favorites des politiciens, qui, regroupés sous le terme générique de « langue de bois », forment la quintessence du langage politique.

Nous espérons ainsi rendre un double service : aux hommes politiques, d'abord, débutants ou confirmés, qui pourront avec cet outil peaufiner leurs discours, débats télévisés et petits phrases spontanées ; aux électeurs, ensuite, qui, saisissant enfin le sens des messages qui leur sont adressés, apprécieront à leur juste valeur leurs auteurs et pourront enfin voter en toute connaissance de cause, et pourquoi pas, se lancer eux-mêmes dans la compétition.

Ainsi ce Dictionnaire de la langue de bois *aura rempli sa vocation : réconcilier le peuple et ses représentants, rénover le pacte républicain qui les lie, et contribuer ainsi à l'avènement de la démocratie du* XXIe *siècle, où le sens des mots aura définitivement disparu. Conscient des limites imposées par un tel ouvrage, nous avons limité là notre ambition.*

G. L.

A

Abbé Pierre

Conseiller bénévole auprès du maire de Paris pour le logement (voir ce mot). Concurrencé en popularité par le commandant Cousteau, en moral par Doc et Difool, et en récupération politique par Sœur Emmanuelle (voir ce mot).

L'abbé Pierre a raison de faire ce qu'il fait. S. Veil, *Paris-Match,* 5 janvier 1995.

Un climat de surenchère sociale, grâce à l'abbé Pierre. N. Catala, *Le Figaro,* 21 décembre 1994.

Accroc

En période de cohabitation (voir ce mot), minuscule déchirure du tissu de mensonges politiques, vite racommodé par de petites mains consensuelles.

[...] *Je n'appellerais pas cela véritablement un accroc à la cohabitation.* A. Juppé, *7/7,* 5 septembre 1993.

Ce ne me paraît pas être un accroc à la cohabitation. S. Veil, 7/7, 19 décembre 1994.

Acheter

Acquérir un homme politique contre paiement.

Ce qui est grave, c'est qu'en Italie, tout s'achète, même les hommes politiques. Il ne faudrait pas que ces mœurs s'installent chez nous. M. Arreckx, 1992, cité par *Le Monde,* 10 juillet 1994.

Acquis

Rien n'est jamais acquis à l'homme politique, et surtout pas ses acquis sociaux : bateaux, hôtels particuliers, villas, piscines, etc., aujourd'hui gravement menacés par la justice.

Ma démarcation est d'être du côté des gens qui ont envie de réformer, qui ont envie de bouger, qui n'ont pas envie de s'installer dans un acquis. B. Tapie, 7/7, 23 mai 1993.

Action

Depuis leur conversion au capitalisme, les socialistes préfèrent l'action Péchiney, Société Générale ou Triangle à l'obligation d'honnêteté. D'où la hausse de leur crédit et de leur cote de confiance à la bourse des valeurs politiciennes.

Je chercherai, non par la démagogie, mais par l'action, à restaurer la confiance et à renouer avec l'espérance. P. Bérégovoy, Assemblée nationale, 8 avril 1992.

Moi, j'ai toujours été guidé par l'action. S. Royal, *Le Parisien,* 30 mars 1993.

Admiration

Mélange de mépris et de crainte.

J'ai une très grande admiration pour l'ensemble des magistrats. B. Pons, *Le Grand Jury RTL-Le Monde,* 24 avril 1994.

Affaire

1. Bonne affaire résultant de l'immixtion des affaires publiques dans les affaires privées. Ou l'inverse :

C'est le contraire d'une affaire. A. Carignon, TF1, 17 juillet 1994.

2. Dans l'opposition, les hommes politiques dénoncent parfois imprudemment les affaires. Une fois revenus aux affaires, ils relativisent.

Je permettrais à la justice de faire son travail, ce qui commence d'abord par ne rien dire sur les affaires. J. Toubon, *Forum RMC-L'Express,* 10 octobre 1993.

3. Le Garde des Sceaux est lucide, qui sait que la corruption a un bel avenir.

Désormais, les affaires ne seront pas stoppées. P. Méhaignerie, *Le Parisien,* 15 septembre 1994.

4. De toute façon, c'est la faute aux militants.

Les affaires ? N'exagérons pas ! Qui est concerné ? Pour l'essentiel, des militants qui agissaient honnêtement de manière illégale. G. Kiejman, *L'Express,* 30 janvier 1992.

5. Et puis, c'est du passé.

Les affaires sont antérieures à notre gouvernement. É. Balladur, France 2, 26 octobre 1994.

6. D'ailleurs, les hommes d'État n'y connaissent rien : ils préfèrent *France-Football* à *La Gazette du Palais.*

L'Olympique de Marseille est un grand club : pour le reste, les affaires judiciaires, je n'y connais rien. F. Mitterrand, *L'Heure de Vérité,* 25 octobre 1993.

Affaires privées

La pudeur des hommes et des femmes politiques leur interdit de parler de leurs affaires privées, sauf en certaines occasions exceptionnelles (naissance, prison, etc.)

Écoutez, moi, je fais partie des gens qui n'émettent pas

de jugement sur les affaires privées des uns ou des autres. S. Royal, *L'Heure de Vérité,* 26 juin 1994.

La leçon de latin du professeur Delors :
Affectio societatis

Une aspiration commune et une construction plus pragmatique, dont on espère qu'elle suscitera quand même une affectio societatis. J. Delors, *L'unité d'un homme,* Odile Jacob, 1994.

Agriculteur

Vrai ami de trente ans.

Les agriculteurs ont été condamnés par le pouvoir socialiste qui ne les connaît pas, qui ne les comprend pas. J. Chirac, *Le Club de la Presse,* 16 septembre 1992.

Aimer

La chronique politique foisonne de crimes passionnels.

La majorité est unie et s'aime bien. J. Chirac, *Le Monde,* 2 janvier 1995.

J'aime les socialistes, ce sont mes amis. F. Mitterrand, 7/7, 15 décembre 1991.

Allergie

Affection très passagère.

Je demeure allergique à toute affirmation publique de mes convictions religieuses. J. Delors, *L'unité d'un homme,* Odile Jacob, 1994.

Dieu est amour, et Dieu nous laisse libres. J. Delors, *L'unité d'un homme,* Odile Jacob, 1994.

Ambition

Élysée.

L'ambition du candidat de rassemblement

Toute politique de réforme a pour ambition de construire un avenir autre que le présent. É. Balladur, *Dictionnaire de la Réforme,* Fayard, 1993.

Ame

Parcelle de l'intelligence politique que l'on peut perdre sans pour autant gagner les élections.

Là où l'esprit et l'âme disparaissent, il n'y a que pesant matérialisme. J.-M. Le Pen, *Le Figaro,* 9 juin 1994.

Ami

Adversaire principal du politicien.

Un ami de trente ans que je connais mieux que personne ici. J. Chirac, *Le Monde*, 7 septembre 1993.

Amitié

1. Sentiment réciproque de rivalité, qui se transforme parfois en alliance rapidement trahie, le plus souvent en haine.

Jacques Chirac, auquel m'attachent depuis si longtemps les liens d'une indéfectible amitié. É. Balladur, Assemblée nationale, 8 avril 1993.

Depuis bien des années, j'ai donné à Édouard Balladur toute ma confiance et aussi mon amitié. [...] Je ne le regrette pas. J. Chirac, *Le Figaro*, 5 septembre 1994.

2. Il faut pourtant bien vivre avec ses amis.

Depuis vingt ans, nous avons su travailler dans un climat d'amitié [...] De toute façon, par la suite nous serons condamnés à vivre ensemble. A. Juppé, *Le Monde*, 8 janvier 1995.

L'analyse du candidat de rassemblement

Un monde nouveau a commencé. É. Balladur, *Le Figaro*, 21 septembre 1994.

Anesthésie

A la suite d'une erreur de diagnostic, un médecin distrait a ordonné une cure de sommeil à un patient dont l'État nécessitait un électrochoc.

Un gouvernement qui en arrivant, dans les trois premiers mois, prend toutes les décisions impopulaires que nous avons dû prendre pour sauver notre pays de la faillite, c'est le contraire de l'anesthésie. É. Balladur, 7/7, 17 octobre 1993.

Année (1994)

Les médias ne semblent pas avoir été surpris que le gouvernement décide de gouverner en 1994.

Je souhaite que l'année 94 soit exclusivement consacrée, en ce qui concerne le gouvernement, à son action pour le redressement du pays. É. Balladur, *L'Heure de Vérité*, 14 février 1994.

(fin de l') Année

1. Période de fête propice à l'oubli des promesses électorales.

Il s'agit de faire en sorte que le chômage soit stabilisé à la fin de 1993. É. Balladur, Assemblée nationale, 8 avril 1993.

2. Ceux qui ont compris la technique en usent tous les ans :

J'espère que nous pourrons stabiliser le chômage avant la fin de l'année. É. Balladur, France 2, 26 octobre 1994.

3. Attention ! Le système ne fonctionne pas pour les mensonges trop grossiers :

J'ai dit que je me tiendrai à l'écart du politique jusqu'à la fin de l'année, je m'y tiendrai. É. Balladur, France 2, 26 octobre 1994.

Anormal

Conforme aux intérêts du politicien.

Il est anormal que le président d'un exécutif départemental ou régional siège au gouvernement. C. Pasqua, *Le Monde*, 15 décembre 1994.

(cinq) Ans

Durée d'une législature qu'une élection présidentielle inopinée transforme en septennat.

J'ai estimé qu'il faudrait cinq ans pour que certains puis d'autres mènent à bien les actions nécessaires. É. Balladur, Assemblée nationale, 8 avril 1993.

(huit) Ans

Balladur (Édouard), né le 2 mai 1929. Élève à l'École nationale d'administration (1952-1957), auditeur au Conseil d'État (1957), maître des Requêtes (1963), chargé de mission puis conseiller technique au cabinet de Georges Pompidou (1964-1968), conseiller d'État (1984-1988), député de Paris (1986), ministre d'État, ministre de l'Économie, des Finances et de la Privatisation (1986-1988), député de Paris (1988-1993). Admis à faire valoir ses droits à la retraite en tant que conseiller d'État (1988). Candidat à l'élection présidentielle (1993-1995).

Je fais de la politique depuis huit ans. É. Balladur, Sorbonne, 25 octobre 1994.

(dix) Ans

Espérance raisonnable de maintien au pouvoir.

Je cherche à gouverner pour l'avenir, pour résoudre les problèmes de la France, pas pour être en meilleure position dans six mois mais sur le moyen et le long terme pour les cinq ou dix ans qui viennent. É. Balladur, 7/7, 17 octobre 1993.

(dix-huit) Ans

Age auquel les jeunes ne se présenteront pas aux

élections régionales, ni même aux élections cantonales.

Les jeunes pourront se présenter aux élections cantonales et régionales dès dix-huit ans. É. Balladur, AFP, 15 novembre 1994.

Antienne

1. Idiotie ressassée. Exemple :

Un monde nouveau est à inventer. S. Royal, *Le Figaro*, 24 août 1994

ou :

Redonnons au monde une explication claire. S. Royal, *Le Figaro*, 24 août 1994.

ou encore :

Il nous faut redonner un sens au débat public. S. Royal, *Le Figaro*, 24 août 1994.

2. Heureusement, certains esprits éclairés ne s'en laissent pas compter :

Méfions-nous des antiennes qui ont déjà servi. S. Royal, *Le Figaro*, 24 août 1994.

Appareil

Engin explosif incontrôlable dont le politicien

essaye de prendre les commandes (voir « Machine à perdre »).

La compétition présidentielle ne peut se réduire à une rivalité de personne et à des rivalités d'appareil. D. Baudis, *Le Figaro*, 1er décembre 1994.

Une gauche [...] plus soucieuse des Français que des appareils politiques. M. Rocard, *Le Figaro*, 21 décembre 1994.

Le mot compliqué de P. de Villiers : Apologue

Petite fable, visant essentiellement à illustrer une leçon morale (Petit Robert).

Depuis vingt ans, nous vivons l'apologue du sovkhosien qui viendra chercher conseil auprès d'un haut responsable de la nomenklatura : « Que faut-il que je fasse pour sauver mes poules qui dépérissent ? ». P. de Villiers, *La société de connivence*, Albin Michel, 1994.

Arbitrage

Distribution aux amis.

Il est légitime de laisser le temps au Premier ministre d'effectuer les arbitrages qui relèvent de sa responsabilité. J. Mellick, Assemblée nationale, 22 avril 1992.

Argent

1. Les hommes politiques vivent de l'argent des Français. Certains ont l'honnêteté de le reconnaître...

Je n'ai jamais gagné d'argent sur mes propres entreprises. B. Tapie, *Le Grand Jury RTL-Le Monde,* 29 mai 1994.

Je n'ai aucune sorte de dépendance à l'égard du patronat et de son argent. M. Noir, RMC, 31 mai 1994.

2. ... d'autres pas.

La politique n'est pas une carrière financièrement fructueuse. É. Balladur, *Dictionnaire de la Réforme,* 1993, Fayard.

Argent (fou)

Argent déraisonnable qui ne sert pas au financement des campagnes électorales.

[Pendant dix ans] cela a été le règne de l'argent fou. J. Chirac, AFP, 12 décembre 1994.

Audace

Autrefois, les généraux en campagne conquéraient des empires au mépris du danger. Aujourd'hui, les politiciens en campagne conquièrent des circonscriptions au mépris de la langue française.

On doit partir des traits du monde d'aujourd'hui pour dessiner celui de demain, sans interdire l'audace qui seule permet l'invention du possible. L. Jospin, *L'invention du possible*, Paris, Flammarion, 1991.

Le temps de l'audace doit revenir. B. Lalonde, 7/7, 17 janvier 1993.

Il y a de l'audace à faire, il y a l'audace à mettre en œuvre.[...]. Cela fait partie de l'audace au niveau des modalités. C. Millon, 7/7, 20 juin 1993.

Nous avons un devoir d'audace. M. Rocard, *La Marche du Siècle*, 6 octobre 1993.

Méfions-nous des audaces de période électorale. R. Barre, *Le Figaro*, 21 décembre 1994.

Audiovisuel

Créer une chaîne de télévision à quelques mois des élections est une spécialité française. Il est plus rare que le ministre de la Communication finisse lui-même enchaîné.

Il est exact que nous ne souhaitons pas qu'il intervienne un bouleversement du secteur de l'audiovisuel à chaque changement de majorité. A. Carignon, Assemblée nationale, 19 mai 1993.

(hommes) Authentiques

Inimitables, heureusement.

Écoutez, le parti communiste il est fait de centaines, de milliers d'hommes et de femmes parmi lesquels les élus. Des hommes dévoués, des hommes authentiques [...]. R. Hue, *L'Heure de Vérité*, 6 février 1994.

Autocritique

Au parti communiste, dénonciation sincère et lucide des opposants.

Vous savez, notre autocritique, nous, ça fait longtemps que nous la faisons. G. Marchais, 7/7, 1er mars 1992.

Avenir

Les angoisses des Français sur leur situation présente inquiètent les hommes politiques sur leur avenir.

Je suis là pour répondre aux exigences immédiates des Français et pour préparer leur avenir. P. Bérégovoy, Assemblée nationale, 8 avril 1992.

[...] que chacun puisse donner un sens à sa vie et croire en l'avenir. É. Balladur, Assemblée nationale, 8 avril 1993.

Aventure

Politique du gouvernement que poursuivrait l'opposition si elle était au pouvoir. L'opposition préfère parler d'« aventure collective » (voir ce mot).

Cette manière d'agir porte un nom : c'est l'irresponsabilité politique, laquelle n'ouvre qu'une voie, celle de l'aventure. J. Teulade, Assemblée nationale, 21 octobre 1992.

Les alliés des socialistes seront les Françaises et les Français, d'où qu'ils viennent, qui refuseront l'aventure que leur proposera l'opposition. P. Bérégovoy, *Le Grand Jury RTL-Le Monde,* 27 septembre 1992.

Aventure collective

Confiscation du pouvoir par une poignée de fripouilles.

Le rêve de justice et d'égalité ne peut pas mourir, et je souhaite redonner, avec d'autres, à nos concitoyens, l'envie d'avoir envie. L'envie des grandes aventures collectives. J. Lang, 7/7, 25 septembre 1994.

B

Banlieue

Caractérisée par son absence de palais nationaux, de sièges de partis politiques, d'appartements de fonction, et que les hommes politiques visitent sans leurs enfants, à la différence du parc Astérix.

Avant-hier, j'ai passé trois heures dans la cité des Bosquets à Montfermeil, et je vous assure que tout cela est extrêmement instructif. J. Chirac, *Le Club de la Presse*, 19 mars 1993.

Barre

1. Les hommes politiques, qui ne connaissent de la mer que la thalassothérapie à Quiberon, aiment se donner le grand frisson de la métaphore nautique.

Je suis décidé à maintenir le cap. É. Balladur, *Le Monde*, 6 novembre 1994.

C'est comme la route du rhum, il nous faut du calme et du sang-froid. J. Barrot, France Inter, 9 novembre 1994.

Quand vous êtes dans une tempête, déjà tenir le bateau à flots, éviter les écueils, c'est pas mal. Si, en plus, vous dites, pendant la tempête, il faut en même temps que je refasse le moteur et que je repeigne le bateau, ce n'est pas facile ! A. Madelin, *L'Heure de Vérité,* 27 février 1994.

Le cap est le bon. É. Balladur, France 2, 28 juin 1994.

Le vent actuel n'est pas bon, et la politique est au creux de la vague. Redressons la barre. J.-F. Deniau, *Le Figaro,* 21 octobre 1994.

La France est un immense paquebot qui ne peut se satisfaire de coups de barre à gauche et de coups de barre à droite. N. Sarkozy, *Libération,* 12 octobre 1994.

N'est-il pas temps de redresser la barre ? N. Sarkozy, *Le Figaro,* 22 septembre 1994.

La France s'est fixé un cap : que la croissance, que la reprise qui sont en vue bénéficient à tous [...] ensemble nous devons avoir l'ambition de regarder le large. É. Balladur, *Le Figaro,* 7 novembre 1994.

La barre du navire France est tenue avec un bon Premier ministre. N. Sarkozy, *L'Heure de Vérité,* 6 juin 1993.

Le gouvernement a démâté au sommet [...]. Je ne suis

pas un sous-marin de la majorité, mais un bâtiment de surface. P. de Villiers, *Le Figaro*, 17 novembre 1994.

Pour fixer le cap et le tenir [...], l'État et son chef doivent tenir le premier rôle. M. Barnier, *Vers une mer inconnue*, Hachette, 1994.

2. Certains sportifs, sans doute sujets au mal de mer, préfèrent d'autres terrains d'aventures (voir ce mot).

Il nous faudrait un seul pilote et une seule direction. P. de Villiers, *Le Monde*, 16 septembre 1994.

Je n'ai jamais vu un politique qui fait le meilleur tour aux essais ne pas participer à la course. P. Douste-Blazy, *Libération*, 31 octobre 1994.

Nous apprécions ceux, qui, dans l'orage, ne lâchent pas leurs compagnons de cordée. F. Bayrou, *Le Figaro*, 10 novembre 1994.

3. La médaille d'or revient au champion de l'éthique sportive.

La compétition doit être loyale. É. Balladur, *Le Figaro*, 7 novembre 1994.

Barre (Raymond)

Raymond Barre.

Je suis moi-même. R. Barre, 7/7, 16 janvier 1994.

Oui, je suis là. R. Barre, *Le Figaro*, 21 décembre 1994.

Base

Partie inférieure d'un appareil (voir ce mot), dont la disparition n'entraîne pas celle du sommet.

Le PS doit se redéfinir par rapport à sa base, afin d'être en phase avec la population qu'il est censé représenter. C. Trautmann, *Le Monde*, 7 juillet 1992.

Bassin de main-d'œuvre

Lieu mystérieux que ni les géologues ni les politiciens ne sont parvenus à localiser. Voir « gisement d'emplois » et « gisement d'activités ».

Nous n'avons pas la culture des bassins d'emploi. J. Delors, *L'unité d'un homme*, Odile Jacob, 1994.

La ville réduit les coûts de transport [...]. Le bassin de main-d'œuvre y est plus vaste. P. de Villiers, *Avant qu'il ne soit trop tard*, Albin Michel, 1994.

Bâtiment

Les sans-abri se préoccupent du logement, les hommes politiques du bâtiment.

Ce n'est pas en criant que vous ferez avancer les problèmes du bâtiment et des travaux publics ! J.-L. Bianco, Assemblée nationale, 28 octobre 1992.

Besoin

Il est une idée fortement ancrée chez les hommes politiques : la France aurait besoin d'un président de la République.

Nous aurons besoin d'un président volontaire. J. Lang, *Les Échos,* 29 août 1994.

(abus de) Biens sociaux

Détournement de fonds commis par les chefs d'entreprise au profit des partis politiques à l'insu de ces derniers.

Les socialistes sont contre les abus de biens sociaux. H. Emmanuelli, 7/7, 3 juillet 1994.

(page) Blanche

Où l'on peut dire et écrire n'importe quoi.

J'ai bien compris que la France n'était pas une page blanche. N. Sarkozy, *La Marche du Siècle,* 6 avril 1994.

Une page de la longue histoire de notre pays est tournée. Une autre est ouverte : elle est encore blanche. É. Balladur, Assemblée nationale, 8 avril 1994.

Le mot compliqué de P. de Villiers : Bifide

Fendu en deux (Petit Robert).

On sait, depuis les encyclopédistes et Buffon, que, pendant la déglutition, la trachée glisse vers l'avant, et la langue bifide pompe l'air, qu'elle envoie dans le poumon. P. de Villiers, *La société de connivence*, Albin Michel, 1994.

Bon chemin

Qui mène de la rue de Grenelle à la rue du Faubourg-Saint-Honoré.

La démonstration est faite que nous sommes sur le bon chemin. N. Sarkozy, *Le Figaro*, 22 septembre 1994.

(aller dans le) Bon sens

Permet de retourner sa veste à l'endroit.

[M. Balladur] commence à aller dans le bon sens. F. Bayrou, *Le Figaro*, 8 décembre 1994.

Bonne volonté

Disposition à trahir volontiers.

Je crois à l'homme de bonne volonté, qui fait son tra-

vail au service du pays, et qui essaie de faire comprendre un certain nombre de problèmes, pour le faire avancer dans la bonne direction. N. Sarkozy, *La Marche du Siècle,* 6 avril 1994.

Broyer du noir

Pour nos gouvernants, inclinaison fâcheuse des Français au pessimisme. Ils oublient qu'avec cinq millions de chômeurs, leur pays pourrait aller plus mal.

[Il faut que] la France cesse de broyer du noir. É. Balladur, *Le Figaro,* 26 septembre 1994.

Budget

État récapitulatif de l'ensemble des rapines étatiques.

Nous avons fait un budget sérieux. P. Bérégovoy, 7/7, 4 octobre 1992.

C

Cabinet

Lieu clos où se concentrent les effluves malodorants des déjections intellectuelles des jeunes technocrates et futurs politiciens.

Il faut supprimer les cabinets ministériels. J. Chirac, Sorbonne, 22 octobre 1994.

Campagne

Pour le commun, la campagne est un endroit calme où il aime à passer ses week-ends. Pour l'homme politique, la campagne est une période pleine de bruit et de fureur. Un mystère demeure : pour être élus, les candidats n'hésitent pas à violer la loi, en mettant en place de complexes réseaux de financement occultes, ou en dépassant les plafonds de dépenses autorisées, pour des campagnes qui, à les entendre, ne servent à rien.

Une bonne campagne, c'est quand on va sur le terrain

et qu'on rencontre les électeurs. Et ça ne coûte rien. J. Lang, *Forum RMC-L'Express*, 29 novembre 1992.

Mon expérience me fait penser que l'argent n'a jamais décidé du sort d'un scrutin. F. Mitterrand, *Ouest-France*, 18 octobre 1994.

Candidat

Une condition pour se porter candidat consiste à afficher un souverain mépris pour le poste, puis à être prêt à tuer père et mère pour être élu.

Je ne suis pas du tout candidat à quoi que ce soit pour le moment. J. Chirac, *La Marche du Siècle*, 16 décembre 1992.

Le Secrétaire national du parti communiste n'a pas vocation à être candidat à toutes les élections. R. Hue, 7/7, 1er mai 1994.

(bon) Candidat

Qui ne sera pas déchu de son mandat.

Les bons candidats ne manquent pas. Si je peux être utile, je répondrai « présent. » J. Lang, 7/7, 3 octobre 1993.

Candidat (d'union)

Politicien qui, pour obtenir le poste de Premier

ministre, avait naguère promis de ne pas se présenter à l'élection présidentielle.

Je suis pour un candidat d'union, ça veut dire quelqu'un qui porte l'espérance de toute la majorité. G. Longuet, *7/7*, 17 avril 1994.

Candidat (unique)

Un seul politicien a osé être candidat d'union (voir ce mot). C'est un candidat vraiment unique.

Si dans huit ou dix mois, c'est-à-dire au mois de février-mars, il y a un candidat qui crève le plafond des sondages, alors dans ce cas-là [...] il sera naturellement le candidat unique. G. de Robien, *L'Heure de Vérité*, 3 juillet 1994.

Candidat (le mieux placé)

Bon placement qui devrait rapporter.

Ce que je souhaite, c'est qu'on les gagne, c'est qu'on la gagne, cette élection présidentielle... avec le candidat qui sera le mieux placé pour l'emporter. D. Baudis, *Forum RMC-L'Express*, 4 février 1993.

Candidat (neuf)

Balladur (Édouard), né le 2 mai 1929. Élève à l'École nationale d'administration (1952-1957), auditeur au Conseil d'État (1957), maître des Requêtes (1963), chargé de mission puis conseiller technique au cabinet de Georges Pompidou (1964-1968), conseiller d'État (1984-1988), député de Paris (1986), ministre d'État, ministre de l'Économie, des Finances et de la Privatisation (1986-1988), député de Paris (1988-1993). Admis à faire valoir ses droits à la retraite en tant que conseiller d'État (1988). Candidat à l'élection présidentielle (1993-1995).

Je rêve d'un pays dans lequel il y aurait des candidats neufs. F. Léotard, *L'Heure de Vérité*, 19 septembre 1994.

Candidat (de rassemblement)

Bon-candidat-neuf-d'union-unique-le-mieux-placé (voir ces mots).

Je pense qu'il serait utile et préférable que la majorité eût un candidat de rassemblement et un seul. É. Balladur, *Le Monde*, 7 décembre 1994.

(pluralité des) Candidatures

Concurrence déloyale faite à un Premier ministre pas encore candidat.

Quant à la pluralité des candidatures aux élections

présidentielles, chacun sait qu'elle est suicidaire. É. Balladur, *Dictionnaire de la Réforme*, Fayard, 1993.

(se sentir) Candidat

Partager avec le leader de son parti, depuis son HLM, l'ivresse des soirées électorales.

Je voudrais qu'il n'y ait pas seulement un candidat communiste, mais que tous les communistes se sentent candidats. R. Hue, *Le Point*, 5 novembre 1994.

La leçon d'écologie du professeur Delors : Capital-nature

L'impôt sur le CO2 (permettrait) de transmettre aux générations futures un meilleur capital-nature. Ce n'est qu'une illustration parmi d'autres des difficultés de langage politique de la réforme. J. Delors, *L'unité d'un homme*, Odile Jacob, 1994.

Caricaturer

Les hommes politiques ne supportent pas la caricature des opposants...

Monsieur le député, j'aimerais que sur un sujet aussi

dramatique, on ne caricature pas ma position. P. Méhaignerie, Assemblée nationale, 10 novembre 1993.

2. ... et encore moins celle des électeurs.

Le revers important de la gauche est à l'évidence très amplifié par les effets brutaux du scrutin majoritaire qui donnent aux résultats de ce soir un aspect quelque peu caricatural. P. Quilès, AFP, 28 mars 1993.

Le mot compliqué de P. de Villiers : Catoblépas

Animal légendaire à long cou grêle dont la tête traînait à terre (Petit Robert).

Connaissez-vous le catoblépas ? Selon les colporteurs de la mythologie grecque, il s'agit d'un animal qui vivait, dans les temps très anciens, dans les polders de Maastricht un animal fabuleux à petite tête cornue, dont le cou très long et grêle traînait à terre et dont le regard était mortel. P. de Villiers, *La société de connivence*, Albin Michel, 1994.

Centriste

1. Famille politique élargie aux collatéraux, voisins et homonymes, pourvu qu'ils soient au pouvoir.

Notre spectre politique va de Delors à Balladur, de l'UDF au PS. J.-P. Soisson, *Le Figaro,* 5 septembre 1994.

Forcément, le prochain président de la République sera élu au centre. J.-P. Soisson, *Le Figaro,* 22 décembre 1994.

Les membres du Mouvement des Réformateurs peuvent avoir des optiques et même des candidats différents. J.-P. Soisson, *Libération,* 5 septembre 1994.

2. Dans cette acception, les centristes font preuve de la plus grande constance.

Je n'ai pas l'impression d'avoir trahi ma ligne politique. J.-P. Soisson, cité par *Le nouveau dictionnaire des girouettes,* Robert Laffont, 1993.

Les centristes démontrent qu'ils ne sont pas dyslexiques en politique, un pied dans un camp, un pied dans l'autre. P. Douste-Blasy, *Le Figaro,* 5 septembre 1994.

Champ (de bataille)

Futur champ de ruine.

A gauche, un champ de ruine, à droite, un champ de bataille. A. Peyrefitte, *Le Figaro,* 19 décembre 1994.

Champ (de ruine)

Ancien champ de bataille.

La gauche est un champ de ruine. M. Rocard, *Le Nouvel Observateur*, 22 décembre 1994.

(il faut que ça) Change

1. Antienne (voir ce mot) des Premiers ministres qui ne voient pas la nécessité de changer de poste.

Il faut que ça change. Il faut que ça bouge. É. Cresson, 7/7, 19 mai 1991.

Il faut changer d'attitude, il faut changer de comportement, il faut changer de manière d'être et de vivre ensemble. M. Rocard, *La Marche du Siècle*, 6 octobre 1993.

La France doit changer et se réformer. Et en même temps, il y a des difficultés, sinon des impossibilités. É. Balladur, *L'Heure de Vérité*, 14 février 1994.

2. Pour un ancien Premier ministre ayant jadis trahi ses amis afin de tenter la course à l'Élysée, découvrir douloureusement qu'il a fait des émules.

Les circonstances changent profondément les hommes. J. Chirac, AFP, 7 décembre 1994.

Chantier

Espace de désordre et de confusion, où s'entassent des idées fumeuses, que des technocrates abscons doivent transformer en projets de réformes et que, sitôt ouvert, on s'empresse de refermer.

Il faut ouvrir le chantier de la réforme de la société par elle-même. J. Delors, *L'unité d'un homme,* Odile Jacob, 1994.

(actualité) Chargée

Chargée d'affaires.

L'actualité politique et judiciaire est chargée. P. Méhaignerie, *Le Figaro,* 9 novembre 1994.

Charité

Vertu chrétienne diversement comprise.

Il y a une vertu que ne pratique pas M. de Villiers : la charité chrétienne. G. Longuet, AFP, juin 1994.

La France, de par toute son Histoire, est un acte de charité et d'ouverture. P. de Villiers, *La société de connivence,* Albin Michel, 1994.

(Montrer le) Chemin

Offrir un poste.

Oui, que Jacques Chirac montre le chemin ! A. Juppé, Bordeaux, 2 septembre 1994.

Il y a un an à Strasbourg j'avais dit : « A Jacques Chirac de nous dire le chemin, le but à atteindre nous le connaissons. » P. Séguin, *Libération*, 5 septembre 1994.

A mon tour, je lui demande de nous montrer le chemin. B. Pons, *Le Figaro*, 6 septembre 1994.

Cher

1. Inabordable, sauf avec des fausses factures.

Cette ville [Grenoble] est pionnière dans un domaine qui m'est cher, celui de la transparence. A. Carignon, AFP, 17 juillet 1994.

2. Considéré comme précieux pour faire battre ses amis (voir ce mot).

Cher Jacques Delors. A. Madelin, *Le Monde*, 10 décembre 1994.

(pas d'autre) Choix

Expression utilisée pour confirmer que l'aggravation du chômage est inéluctable compte tenu de la politique menée.

Dès lors que nous avons fait le choix de gouverner, nous ne pourrons avoir d'autre choix que de redresser la situation. É. Balladur, *Le Monde*, 18 mai 1993.

Ce budget est bon [...]. Il n'y avait d'autre choix pour la France que la réduction du déficit et de l'endettement. É. Balladur, *Le Figaro*, 22 septembre 1994.

Choix (de société)

Cinq millions de chômeurs sous un gouvernement de droite ou cinq millions de chômeurs sous un gouvernement de gauche ?

La présidentielle est un choix de société. Le choix de l'homme vient après. H. Emmanuelli, *Le Figaro*, 3 novembre 1994.

Le choix du Premier ministre selon le candidat de rassemblement

Le choix du Premier ministre de 1993 ne soulèverait pas de grandes difficultés dès lors qu'il serait décidé, dès le départ, qu'il ne serait pas candidat à l'élection présidentielle deux ans plus tard. É. Balladur, *Le Monde*, 23 juin 1990.

Chômage

Mal auquel les hommes politiques essayent d'échapper.

Le chômage [...] est une tragédie nationale, qui nous obsède tous, vous et nous. L. Mexandeau, Assemblée nationale, 2 juin 1993.

C'est un véritable fléau. A. Juppé, 7/7, 5 septembre 1993.

Chômeurs

Individus auxquels le président de la République adresse tous les ans ses meilleurs vœux.

Je pense qu'il est tout à fait normal que le président de la République, en présentant ses vœux aux Français, réaffirme, ce qu'il a fait régulièrement année après année, que la lutte contre le chômage était une priorité. M. Giraud, *Forum RMC-L'Express*, 9 janvier 1994.

C.I.P.

Tentative de réforme aux effets calamiteux et vite enterrée par un comité, un questionnaire et vingt-neuf mesures oubliées.

Ce que nous voulons, c'est que dans un an, il y ait moins de jeunes au chômage que lorsque nous sommes arrivés. Que ce soit par le C.I.P. ou par tout autre système. N. Sarkozy, *La Marche du Siècle*, 6 avril 1994.

(entente) Citoyenne

Version 1995 du Grand Soir.

Il s'agit de créer les conditions d'une véritable entente citoyenne. R. Hue, *Le Monde*, 4 octobre 1994.

(nouvelle) Citoyenneté

Les hommes politiques pour les besoins de leur

programme ont parfois un besoin urgent d'expressions obscures.

Il y a urgence à construire une nouvelle citoyenneté. J. Chirac, *Une nouvelle France*, NiL, 1994.

(rendre aux) Citoyens

Leur donner ce qu'ils n'ont jamais eu.

Il faut redonner aux citoyens la possibilité d'agir sur la décision. J.-P. Chevènement, *L'Heure de Vérité*, 17 novembre 1991.

[...] afin que l'État soit rendu aux citoyens. É. Balladur, Assemblée nationale, 8 avril 1993.

Clair

1. S'il veut être clair, l'homme politique doit renoncer à expliquer des sujets trop complexes, comme le GATT, le SME, l'UEM, l'UE, la CEI, la PESC ou ses comptes de campagne.

Laissez-moi aller au bout de mon propos ! Je veux être clair. F. Mitterrand, *7/7*, 15 décembre 1991.

Nous voulons envoyer un signal clair. N. Sarkozy, *L'Heure de Vérité*, 6 juin 1993.

2. Ce que les Français ne peuvent comprendre, et que le politicien se garde bien de leur expliquer.

Je crois qu'en politique il faut être clair, il faut dire ce que l'on pense, puis se présenter aux électeurs. R. Barre, 7/7, 16 janvier 1994.

Les Français méritent de participer à un débat clair. J. Delors, *Le Monde*, 7 décembre 1994.

Clarifier

Débarrasser la vie politique des débats d'idées qui l'embrouillent inutilement.

La candidature de Jacques Chirac a entraîné un début de clarification. C. Millon, *Le Monde*, 11 novembre 1994.

(minimum de) Clarté

Visibilité nécessaire pour les virages brusques, volte-face ou marches arrière.

Le choix de la clarté est pour moi celui de toute une vie. J. Chirac, *Valeurs actuelles*, 23 décembre 1994.

Clignotants

Nos ministres, qui ont l'habitude de franchir les feux rouges munis de gyrophares, confondent les feux verts et les clignotants.

Il y a eu tellement dans l'histoire de la République française de ministres des Finances daltoniens qui voyaient en permanence des clignotants au vert qu'il faut que je fasse très attention, mais la reprise est incontestable. N. Sarkozy, *La Marche du Siècle,* 6 avril 1994.

Clivages

Chez certains politiciens, séparation des convictions en une partie droite, une partie gauche et une ambition forte.

Je fais partie de ceux qui pensent que les clivages politiques ne sont plus vraiment de mise, et ne nous permettent pas de comprendre le monde. B. Lalonde, *Forum RMC-L'Express,* 1er avril 1994.

Clochards

Amis de dix ans.

Il y a dix ans, je connaissais tous les clochards. J. Chirac, *Libération,* 24-25 décembre 1994.

Code (de bonne conduite)

Recueil de plaisanteries rédigé par un groupe de travail, un comité, un conseil ou une commission (voir ces mots).

Je propose la création d'un conseil national de l'union de la majorité qui veillerait au respect d'un code de bonne conduite entre les candidats. B. Pons, *Le Monde,* 29 novembre 1994.

Il faut un code de bonne conduite et un pacte entre les responsables de la majorité. C. Millon, *Le Monde,* 29 novembre 1994.

Cœur

Chez l'homme politique, viscère musculaire situé entre les deux poumons, servant essentiellement à faire marcher les Français.

Vous permettez deux minutes que je vous dise ce que j'ai dans le cœur ? J. Barrot, *L'Heure de Vérité,* 14 février 1993.

Il faudrait construire l'Europe du cœur. B. Kouchner, *Forum RMC-L'Express,* 15 avril 1994.

La priorité pour nous, c'est de rendre [aux Français] un peu d'espoir avec de l'intelligence et avec du cœur. J. Chirac, *La Marche du Siècle,* 16 décembre 1992.

Cohabitation

Période harmonieuse pendant laquelle le Premier ministre prépare l'élection présidentielle.

La cohabitation de 1986 n'a pas été conflictuelle. J. Chirac, *Le Grand Jury RTL-Le Monde,* 2 mai 1993.

Comité

Sorte de groupe de travail (voir ce mot) constitué de personnalités hautement qualifiées pour enterrer un projet.

Le RPR et l'UDF ont décidé de réunir, à bref délai, le Comité national pour les élections primaires A. Juppé et François Bayrou, AFP, 21 novembre 1994.

Le moment est venu que partout dans l'ensemble du pays se créent des comités pour l'organisation des primaires. C. Pasqua, *Le Monde,* 22 novembre 1994.

Il y a un groupe de travail [sur les primaires] qui va donner son verdict. Vous me permettrez de l'attendre. J. Chirac, *Le Figaro,* 25 novembre 1994.

Je souhaite que la majorité se dote d'un comité de médiation. J. Barrot, *Le Figaro,* 30 novembre 1994.

[Il faut] créer rapidement un comité national pour la victoire d'un candidat de la majorité à l'élection présidentielle. A. Juppé, *Le Monde,* 9 décembre 1994.

S'il faut un comité pour cela, va pour le comité. É. Balladur, *Le Monde,* 10 décembre 1994.

Commission

Fonds occultes versés pour l'obtention d'un marché public, et sur lesquels des comités réfléchissent.

Pour avoir pris le temps de la réflexion, j'ai acquis la conviction que le recours aux commissions d'experts ne suffit plus. J. Chirac, *Le Monde*, 23 décembre 1994.

(dossier) Complexe

Dossier plein de pages mais sans une seule de solutions.

Monsieur le député, vous n'ignorez pas que ce dossier est complexe. S. Veil, Assemblée nationale, 19 mai 1993.

(situation extraordinairement) Complexe

Plusieurs postulants pour le même poste.

L'élection présidentielle est encore très loin, mais je pense que nous sommes dans une situation extraordinairement complexe. P. de Villiers *Forum RMC-L'Express*, 29 avril 1994.

Compréhension

Difficultés des ministres énarques à comprendre le patois des députés de province.

Nous avons, nous, Gouvernement, je crois, avec l'ensemble des députés, un bon dialogue et une bonne compréhension. G. Longuet, *L'Heure de Vérité*, 12 décembre 1993.

Comprendre

1. Les Français sont intelligents. Ils savent distinguer le compliment sincère de la flagornerie.

Et ça, je crois que les Français sont capables de le comprendre. N. Sarkozy, *L'Heure de Vérité,* 6 juin 1993.

Ce n'est pas la peine d'expliquer, de faire un dessin à ceux qui nous écoutent, ils comprennent très bien. F. Bayrou, *L'Heure de Vérité,* 9 janvier 1994.

Je crois les Français aptes à comprendre. V. Giscard d'Estaing, *Le Figaro,* 21 septembre 1994.

2. Parfois, un homme politique trop brillant tente de faire comprendre l'impossible, c'est-à-dire la nécessité de voter pour lui.

[...] nos élites [...] ne comprennent pas grand chose au monde. B. Lalonde, *Forum RMC-L'Express,* 1er avril 1994.

Les mois à venir doivent permettre de faire comprendre aux Français la nécessité d'appliquer... une politique efficace de réforme, de solidarité et de cohésion sociale. R. Barre, *Le Figaro,* 15 septembre 1994.

Comptes

Dépenser 100 000 francs par jour et échapper à l'impôt sur le revenu.

Moi, j'ai des comptes à rendre à 2,5 millions de personnes et à mes amis de Radical. B. Tapie, *Le Monde,* 2 décembre 1994.

Concertation

Écouter tout le monde avant de prendre la décision de nommer une commission, généralement paritaire, chargée de désigner un groupe de travail pour établir un rapport suggérant de préparer une réforme qu'un comité transformera en projet de loi bientôt enterré.

Je mènerai la concertation avec tout le monde, soyez-en assurés. J.-L. Bianco, Assemblée nationale, 13 mai 1992.

C'est dans la concertation que le gouvernement entend trouver les voies d'un équilibre durable. M. Giraud, Assemblée nationale, 21 avril 1993.

Aucun arrêté ne sera signé, aucune décision ne sera prise en ce domaine sans que nous soyons parvenus au terme de cette concertation. M. Barnier, Assemblée nationale, 5 mai 1993.

Conciliation

Le politicien avisé concilie autorité et tolérance, expulsions et droits de l'homme, libéralisme et justice sociale, fermeté et humanisme, et surtout les électeurs qui se réclament de ces valeurs.

Le gouvernement a engagé une politique qui prend en compte à la fois les besoins d'autorité mais aussi de tolérance nécessaires à la cohésion de notre société. P. Méhaignerie, Strasbourg, 5 mai 1994.

[La question de l'immigration devrait être réglée de] façon juste, respectueuse des droits de l'homme [...] mais pour autant nous devons être fermes. É. Balladur, *Le Monde*, 29 octobre 1991.

Entre le laxisme [...] et l'extrémisme [...], il y a place tout simplement pour la fermeté et l'humanité. N. Sarkozy, *L'Heure de Vérité*, 6 juin 1993.

Le centre [...] c'est la démocratie tolérante sans l'exclusion, c'est l'économie de marché sans la dureté. V. Giscard d'Estaing, 7/7, 28 février 1993.

Il ne faut ni rupture ni tiédeur. J. Chirac, 7/7, 6 novembre 1994.

(mesure) Concrète

Mesure dont le caractère démagogique est palpable.

Voilà des mesures simples, des mesures concrètes, des mesures immédiates. C'est cela que nous proposons aux Français pour relever le défi. P. Bérégovoy, Assemblée nationale, 8 avril 1992.

Concurrence

La concurrence, qui suppose un minimum de loyauté, n'existe pas en politique.

Édouard Balladur et moi, nous ne serons jamais en concurrence. J. Chirac, *Le Club de la Presse*, 6 septembre 1993.

Condamner

Le calcul n'est pas la spécialité de l'homme politique.

La somme des malversations déplorables, condamnables, insupportables commises par des hommes de gauche est loin d'atteindre la somme de tous ces scandales qu'on a connus au cours des années précédentes. F. Mitterrand, Élysée, 12 avril 1992.

Confiance

A défaut de pouvoir faire confiance à ses amis ou à ses électeurs, l'homme politique ne peut faire confiance qu'aux trahisons dans le camp adverse.

Eh bien, je pense qu'il y a des choses qui bougent, qui nous permettent d'être beaucoup plus confiants que par le passé. F. Wurtz, *L'Heure de vérité*, 24 avril 1994.

Nous avons confiance dans les électeurs. On ne fait jamais assez confiance aux électeurs ; on se méfie beau-

coup en France du peuple. B. Lalonde, *7/7*, 17 janvier 1993.

(faire une) Confidence

Espérer que quelques électeurs trouveront sympathique qu'on les prennent pour des imbéciles, dans l'intimité.

Je voudrais aujourd'hui vous faire une confidence en forme de promesse : je suis sûr que nous allons gagner. J. Chirac, *Le Parisien*, 25-26 septembre 1994.

En vérité, je vais vous faire même une confidence, le C.I.P. n'a aucune espèce d'importance pour nous. N. Sarkozy, *La Marche du Siècle*, 6 avril 1994.

Conflit (de personne)

Querelle détestable d'ami de trente ans aigri on ne sait pourquoi.

Je n'aime pas les conflits de personnes, de façon générale. É. Balladur, France 2, 28 juin 1994.

Conformisme

Les hommes politiques devraient se souvenir que c'est grâce au conformisme des Français qu'ils sont toujours là.

Je n'aime pas beaucoup, vous savez, le conformisme et le caporalisme organisés, j'aime ma liberté mais je respecte celle des autres aussi. É. Balladur, 7/7, 17 octobre 1993.

Ce que nous demandons aux Français et aux Françaises, c'est la force nécessaire pour soulever le rocher du conformisme. J.-P. Chevènement, 7/7, 15 mai 1994.

Il est temps d'en finir avec les habitudes et les conformismes. V. Giscard d'Estaing, *Le Figaro,* 19 septembre 1994.

Confusion mentale

État mental pathologique dans lequel le malade présente des troubles intellectuels : versatilité, agitation, poignées de main incontrôlées, candidatures répétées, absence de programme, etc.

Il faut combattre la confusion mentale et politique. J. Chirac, *Le Figaro,* 3 juin 1994.

Conseil

Menace.

Je n'ai de conseils à donner à personnes [...] mais je constate simplement qu'au RPR une immense majorité se dégage en faveur de Jacques Chirac, qui apparaît comme le candidat légitime. B. Pons, Europe 1, 12 septembre 1994.

(tirer les) Conséquences

1. Démissionner (voir « prendre ses responsabilités »).

M. Rocard avait posé la question de confiance. Il en a tiré les conséquences. H. Emmanuelli, *Le Monde,* 24 juin 1994.

2. Se présenter (voir « prendre ses responsabilités »).

Si mes idées ne sont pas représentées, j'en tirerai les conséquences. P. de Villiers, *Le Figaro,* 17 novembre 1994.

Conservateur

Attaché à conserver son pouvoir.

Je lis parfois que nous sommes un gouvernement conservateur. Eh bien, vraiment, pour un gouvernement conservateur, nous avons fait beaucoup de choses en trois mois. É. Balladur, *L'Heure de Vérité,* 4 juillet 1993.

Consignes

1. Ordres donnés à la justice...

« — *Avez-vous donné des consignes pour freiner des procédures judiciaires ?*

— *Absolument, c'est vrai, pour ce genre de procédures*

judiciaires, c'est-à-dire celles qui ravivent toutes les plaies. » F. Mitterrand et J.-P. Elkabbach, France 2, 14 septembre 1994.

2 . ... au mépris de la Constitution.

Depuis 1981, je me suis conformé à cette règle simple qui consiste à ne jamais peser sur la justice. F. Mitterrand, *Ouest-France,* 18 octobre 1994.

3. Il est clair...

Je comprends très bien que si l'on dit la même chose, on ne le dise pas de la même façon. Je souhaite, simplement, qu'on ne dise pas le contraire. F. Mitterrand, *Le Monde,* 22 novembre 1994.

4. ... que la loi est bafouée.

Rien n'est au-dessus de la loi, spécialement dans le domaine de la justice. F. Mitterrand, *Le Monde,* 6 janvier 1995.

Consulter

Poser des questions idiotes et répondre à côté.

Le but de cette consultation n'est pas simplement de savoir ce que pensent les jeunes, mais de connaître dans le détail et avec précision leurs attentes pour pouvoir y répondre tant au plan local que national. M. Alliot-Marie, Assemblée nationale, 1er juin 1994.

Constater

Établir, de façon objective, qu'on est le meilleur.

Je n'accuse personne, je constate, je fais un constat, c'est tout. A. Juppé, 7/7, 27 février 1994.

Construire

Bâtir une piscine, une villa, un mur.

Lorsqu'on construit une maison, pour moi, on commence par les fondations et non pas par la cheminée. N. Sarkozy, *L'Heure de Vérité*, 26 janvier 1992.

Contentieux

Les contentieux disparaissent quand s'ouvrent les portefeuilles.

M. Balladur est incontestablement un homme d'État, comme M. Chirac, M. Giscard d'Estaing, M. Barre. Je n'ai pas de contentieux avec eux. P. de Villiers, *L'Heure de Vérité*, 24 octobre 1994.

J'entretiens les meilleures relations personnelles avec tous les grands leaders de la majorité. Je suis l'un des seuls à n'avoir aucun contentieux avec personne. P. de Villiers, *Le Figaro*, 17 novembre 1994.

Contrat social

Sorte de « pacte républicain » (voir ce mot), par

lequel le peuple donne à un homme politique le pouvoir, en échange de quoi l'homme politique accorde au peuple la possibilité de le réélire.

Il faut renouveler modes de pensées et modes d'actions afin d'élaborer un nouveau contrat social. J. Chirac, *Une nouvelle France*, NiL, 1994.

Un nouveau contrat entre le peuple et les gouvernants devra permettre aux citoyens de se réapproprier leur République. J. Lang, *Le Monde*, 1er décembre 1994.

Contrôles fiscaux

Racket organisé par des voleurs sur des fraudeurs.

Ce n'est pas un hasard si, depuis quinze mois, personne n'a pu dire que les contrôles fiscaux étaient menés de façon politique. N. Sarkozy, *7/7*, 26 juin 1994.

Convaincre

1. Commence par une certitude, finit par un espoir.

La politique, pour moi, c'est d'abord convaincre. M. Aubry, *7/7*, 8 mai 1994.

2. Persuader les électeurs de la justesse de ses idées, notamment de la nécessité de voter pour vous.

Moi, je ne cherche à séduire personne, je cherche à convaincre. É. Cresson, *7/7*, 19 mai 1991.

Je préfère essayer de convaincre. Essayer de convaincre. É. Balladur, *7/7*, 11 septembre 1994.

Convenable

Qui convient pour gagner.

En politique, il n'est jamais convenable de voter contre son camp. J. Chirac, *Libération*, 9 juin 1994.

Conviction

1. Certitude partagée que l'on peut dire n'importe quoi.

Je suis convaincu qu'il n'y aura qu'un seul candidat du mouvement à cette élection. A. Juppé, *Le Monde*, 9 décembre 1994, (p. 8, col 2).

J'ai la conviction qu'il y aura plusieurs candidats de la majorité, voire du RPR. A. Juppé, *Le Monde*, 9 décembre 1994, (p. 8, col. 4).

2. Les hommes politiques de tous bords partagent une deuxième conviction commune : la France a besoin d'eux.

Je me détermine non pas par rapport aux autres mais par rapport à mes convictions. J.-P. Chevènement, *7/7*, 3 mai 1992.

Un homme politique doit avoir des convictions mais il doit vérifier en permanence que ses convictions sont exactes, sont bonnes pour le pays. N. Sarkozy, *La Marche du siècle,* 6 avril 1994.

Corruption

Système complémentaire de financement de la vie politique par la société civile. En pleine mutation : les entreprises qui finançaient ainsi les hommes politiques avaient l'audace d'exiger d'eux, en retour, quelques menus services. Les politiciens leur ont donc interdit de leur verser de l'argent, préférant se servir directement dans le portefeuille des Français.

Lorsque j'ai été désigné Premier ministre, j'ai mis la lutte contre la corruption au premier plan. P. Bérégovoy, *7/7,* 4 octobre 1992.

La lutte contre la corruption est une bonne lutte. F. Léotard, *Le Figaro,* 19 septembre 1994.

Il faut extirper la corruption en France. Je veux revoir une Marianne aux mains propres. V. Giscard d'Estaing, *Le Grand Jury RTL-Le Monde,* 25 septembre 1994.

Cotisation

Système volontaire de financement de la vie politique. En crise (voir « Corruption »).

Le parti communiste vit des cotisations de ses adhérents, parce que n'oubliez pas que nous sommes un parti de militants. G. Marchais, 7/7, 1er mars 1992.

Courage

1. Force morale nécessaire pour oser se présenter au suffrage des électeurs.

Il faudra beaucoup de courage, d'efforts d'imagination et de temps pour guider la France sur la voie du renouveau. J. Chirac, *Le Monde*, 7 septembre 1993.

L'élection présidentielle se gagnera par le haut et par le courage. P. Méhaignerie, AFP, 1er septembre 1994.

2. Renoncer à faire l'apologie du goulag.

Le parti communiste avec Georges Marchais comme secrétaire général, a eu le courage de rompre avec le modèle soviétique dans les années soixante-dix. R. Hue, *L'Heure de Vérité*, 6 février 1994.

Le courage du candidat de rassemblement

Il faut avoir le courage de faire preuve d'originalité. É. Balladur, *Dictionnaire de la Réforme*, 1993, Fayard.

Courant

Au PS, sorte de secte dont la vocation est le suicide collectif, aussi appelé « big-bang ». Le courant se transforme alors en motion, en pôle ou en axe.

Écoutez, je ne sais pas très bien parce que je n'en fais pas partie, il faut que vous demandiez au chef du courant ! S. Royal, *L'Heure de Vérité*, 26 juin 1994.

Crise

1. Sévit en France depuis vingt ans, découverte avec un léger retard...

Je n'avais pas mesuré la profondeur et l'ampleur de la crise [...]. Je ne pensais pas que nous étions dans une situation aussi difficile. É. Balladur, 7/7, dimanche 17 octobre 1993.

2. ... et aussitôt vaincue.

La France est sortie de la crise [...], la récession est derrière nous. É. Balladur, *Le Parisien*, 25-26 septembre 1994.

Critiquer

Compliment fielleux à réserver à ses amis (voir ce mot).

Moi je ne critique absolument pas le bilan du gouvernement, cela dit, il y a des problèmes à régler. R. Monory, *L'Heure de Vérité*, 20 février 1994.

Cynisme

Vertu politicienne que de rares cyniques persistent à utiliser comme une insulte.

[...] le cynisme étant souvent l'apanage de la droite [...]. J.-P. Huchon, *Jours tranquilles à Matignon*, Grasset 1993.

D

Débat

S'il est télévisé, le débat consiste à parler pour ne rien dire en empêchant l'adversaire d'en faire autant, tout en affichant un large sourire. S'il n'est pas télévisé, sans intérêt.

Ce qui intéresse [les Français], c'est le débat, c'est-à-dire lesquels sont les grands sujets et grandes propositions. H. de Charette, RTL, 20 septembre 1994.

Si le RPR doit adopter une attitude sage, c'est bien celle qui consistera à engager un débat d'idées, projet contre projet [...]. F. Fillon, RTL, 23 septembre 1994.

La France a besoin de débat. Vous pouvez compter sur l'opposition pour le relancer. N. Sarkozy, *L'Heure de Vérité*, 26 janvier 1992.

(beau) Débat

Débat agrémenté de nombreux mensonges, trahisons et coups fourrés.

Nous devons offrir à la France un beau débat présidentiel. V. Giscard d'Estaing, *Le Grand Jury RTL-Le Monde*, 25 septembre 1994.

(candidat au) Débat

Candidat.

Je suis candidat pour ouvrir un débat avec le peuple français. J.-M. Le Pen, France 2, 16 septembre 1994.

Je suis candidat au débat. J. Chirac, *Le Monde*, 7 septembre 1994.

(contribuer au) Débat

Présenter un candidat.

Toute grande formation politique a vocation à contribuer au débat de l'élection présidentielle. F. Bayrou, *L'Heure de Vérité*, 25 septembre 1994.

Déchirer

Les hommes politiques ont deux activités : se déchirer ; affirmer qu'ils ne se déchirent pas.

Vous croyez que les Français qui nous ont fait confiance, ont envie qu'on commence ou qu'on recommence de se déchirer ? M. Barnier, *L'Heure de Vérité*, 30 janvier 1994.

Je suis tout à fait convaincu que le mouvement gaulliste ne se déchirera pas dans le cadre de cette élection présidentielle. B. Pons, Europe 1, 21 mai 1994.

Décider

Sur les grands sujets (départager Balladur et Chirac), les hommes politiques consentent que les Français donnent leur avis. Les questions subalternes (lutte contre le chômage) sont du ressort des technocrates des cabinets ministériels.

Lorsqu'on est confronté à un problème de société avec des réorientations radicales à opérer, c'est aux Français et à eux seuls qu'il revient de décider. P. Séguin, 7/7, 19 juin 1994.

C'est aux Français de décider. Je trouve qu'on est bien léger de décider à leur place. J. Chirac, *Le Club de la Presse,* 19 mars 1993.

Décision

En période électorale, après une évaluation puis une concertation (voir ces mots), la décision consiste généralement à présenter des propositions.

Le temps des décisions imposées est révolu. É. Balladur, *Le Figaro,* 21 septembre 1994.

Décoller

Ne plus avoir les pieds sur terre.

Il faut toujours décoller avant de prendre de l'altitude. G. Marchais, 7/7, 23 mars 1992.

Déficit (démocratique)

Expression inventée par les technocrates pour désigner leur toute-puissance. Ces experts en déficit sauront aggraver celui-là comme les autres.

Ce n'est pas à la Commission seule de remédier à ce fameux déficit démocratique. J. Delors, *Libération*, 12 octobre 1994.

(réparer les) Dégâts

Aider les chômeurs.

Il vaut mieux dépenser un peu aujourd'hui, même beaucoup aujourd'hui, pour créer des emplois, que demain ou après-demain avoir à dépenser encore plus pour réparer les dégâts. D. Strauss-Khan, *L'Heure de Vérité*, 13 février 1994.

Déjeuner (de la majorité)

Repas froid. On n'y sert plus que des couleuvres.

Les deux hommes [...] participent à ce que l'on appelle

« le déjeuner de la majorité » tous les mardis à Matignon. Tous se passe dans un climat qui est tout à fait correcte. Je ne décèle pas d'irritation particulière... Je note aucun état d'âme. M. Roussin, *Le Grand Jury RTL-Le Monde*, 30 janvier 1994.

Lorsque je suis allé déjeuner à Matignon [...] je n'ai entendu aucun propos à ma table qui ait un caractère présidentiel. Seul l'un des convives a souligné que l'unité du RPR ne résisterait pas à deux candidatures. D. Julia, *Le Parisien*, 22 septembre 1994.

Démagogie

Dénoncée vigoureusement depuis que les sondages montrent que les Français y sont opposés.

Je ne supporte pas, M. le député, la démagogie. G. Sarre, Assemblée nationale, 3 juin 1992.

Je suis convaincu que [les Français] refusent, dans une majorité sans doute, la démagogie des idées simples. P. Bérégovoy, 7/7, 4 octobre 1992.

Dément

Fou qui ne comprend pas comment la réalité diffère de ses constructions théoriques.

Tâchons de poser quelques jalons, un peu prospectifs. Même si l'avenir les dément, au moins nous aurons eu les bases de départ. J. Delors, *L'unité d'un homme,* Odile Jacob, 1994.

Démissionner

1. Dans la geste gaullienne, décision volontaire, digne et noble, prise dans l'espoir d'être rappelé le plus vite possible à un poste plus élevé.

Vous croyez que c'est de gaieté de cœur que j'ai démissionné, vous croyez qu'on quitte le gouvernement heureux ? Je l'ai fait la mort dans l'âme, parce que c'était une question de conscience. J.-P. Chevènement, *L'Heure de Vérité,* 17 novembre 1991.

2. Dans la tradition balladurienne, partir après un scandale, en toute dernière extrémité. La démission s'effectue en trois étapes :

— Refuser absolument de lâcher son poste.

Je ne vais pas démissionner. Je ne remets pas en jeu mes responsabilités sur la base de calomnies, d'informations partielles, contradictoires et incomplètes. G. Longuet, *Le Parisien,* 21 septembre 1994.

— Négocier son départ, pour obtenir au minimum un soutien verbal du Premier ministre.

J'accepte naturellement les lois de mon pays et la règle du gouvernement. G. Longuet, *Le Figaro,* 28 septembre 1994.

— Geindre.

J'ai été sacrifié sur l'autel de la raison et de l'opportunité politique. G. Longuet, *Le Républicain lorrain,* 15 octobre 1994.

Démocratie

Doctrine politique à la définition peu claire et à la pratique incertaine.

La démocratie ne vit que d'inventer ses possibles. L. Jospin, *L'invention du possible,* Paris, Flammarion, 1991.

Je pense que la démocratie, c'est la clarté et la transparence. N. Sarkozy, 7/7, 28 juin 1992.

Je trouve que la démocratie, ce n'est pas seulement de donner la parole aux gens mais de les écouter quand ils la prennent. F. Wurtz, *L'Heure de Vérité,* 24 avril 1994.

Déontologie

Ensemble des règles et des devoirs professionnels du politicien : trahir, mentir, voler, etc.

Dans la position que j'occupe, je ne peux pas me prononcer sur le fonctionnement du tandem franco-allemand. Déontologie oblige. J. Delors, *Libération,* 12 octobre 1994.

Départ

1. Maintien en place.

L'élection présidentielle de 1995 n'est pas une parenthèse c'est un nouveau départ. B. Pons, *Le Grand Jury RTL-Le Monde*, 24 avril 1994.

2. Retour.

Le moment est venu de concevoir un nouvel élan et de prendre un nouveau départ pour la gauche. P. Mauroy, *Le Monde*, 7 mai 1991.

(grand) Départ

Espoir d'un long maintien en place.

Un grand départ est pris dans toutes les directions. É. Balladur, *Le Figaro*, 21 septembre 1994.

(se) Dérober

Reconnaître son inutilité.

Lorsque l'on peut servir son pays, on a pas le droit de se dérober. R. Barre, *Le Figaro*, 21 décembre 1994.

Désespérer

Entrevoir l'éventualité de ne jamais devenir président de la République.

Je n'ai jamais désespéré des Français. C. Pasqua, *Que demande le Peuple ?*, Albin Michel, 1993.

Désigner

Choisir son candidat par un vote de confiance inopiné à l'issue d'une réunion de famille.

Pour les gaullistes, un parti ne désigne pas un candidat. J. Chirac, *Le Figaro*, 17 novembre 1994.

Détermination

S'affiche et ne mange pas de pain.

J'ai demandé aux responsables des entreprises concernées de me faire des propositions, de façon à pouvoir, dans les meilleurs délais, poursuivre avec détermination une politique simple : améliorer la vie quotidienne de nos concitoyens. J.-L. Bianco, AFP, 15 avril 1992.

Je pense effectivement que nous pouvons progresser dans les semaines qui viennent si nous montrons une détermination et si nous montrons qu'il y a une espérance. L. Jospin, *L'Heure de Vérité*, 28 janvier 1993.

Ces problèmes sont des problèmes auxquels on peut apporter des solutions à condition d'avoir un peu d'imagination et de détermination. J. Chirac, France 2, 5 septembre 1994.

Devoir

1. Obligation morale de tenter de prendre possession des palais de la République, à laquelle tous les hommes politiques se plient courageusement.

Le problème n'est pas de savoir qui a le droit de se présenter, mais qui aura le devoir d'être candidat pour assurer en toute circonstance la victoire de nos idées. N. Sarkozy, *Le Figaro*, 22 septembre 1994.

Il n'y pas de droit divin à se présenter, mais seulement un devoir : celui d'être candidat pour celui qui sera le mieux placé. N. Sarkozy, AFP, 29 septembre 1994.

Je crains qu'il ne faille y aller... par devoir. B. Lalonde, *Valeurs actuelles*, 7 janvier 1995.

2. Une fois tous les soixante-dix ans environ, un homme politique ayant conservé des relations avec sa femme fuit son devoir, malgré les supplications désintéressées.

Si je dois être candidat, ça sera par devoir. J. Delors, France 2, 14 novembre 1994.

Eh bien ! [...] C'est ton devoir ! Il ne s'agit pas d'un devoir envers les socialistes, mais envers les Français. H. Emmanuelli, *Le Monde*, 22 novembre 1994.

La leçon de philosophie
du professeur Delors : Dialectique

Je suis toujours dans cette dialectique entre réflexion et action. J. Delors, *L'unité d'un homme*, Odile Jacob, 1994.

Dialogue

1. Ambition de ceux à qui on ne demande rien.

Je suis un homme de dialogue. Je suis un homme de terrain. R. Hue, *L'Heure de Vérité*, 6 février 1994.

Le paysage politique change à une vitesse folle en ce moment, il faut garder son sang-froid, et être en même temps très ouvert à la discussion et au dialogue. B. Lalonde, *Forum RMC-L'Express*, 1er avril 1994.

2. S'impose, en tout dernier recours, quand les décisions (voir ce mot) ont échoué.

Je suis toujours ouvert à la discussion et au dialogue. É. Balladur, *L'Heure de Vérité*, 14 février 1994.

3. Ceux qui n'entendent plus parler d'eux croient qu'ils sont devenus sourds.

Quand le dialogue est fracassant plus personne n'entend plus rien. V. Giscard d'Estaing, *Le Monde*, 4 juin 1991.

Différent

Un ministre est un privilégié comme les autres.

Je ne vois pas pourquoi j'aurai fait pour un ministre quelque chose de différent par rapport à une autre personnalité. P. Méhaignerie, *Le Grand Jury RTL-Le Monde*, 26 juin 1994.

(pas) Dire grand-chose

Aux expressions qui ne veulent pas dire grand-chose, les politiciens préfèrent celles qui ne veulent rien dire.

Il y a des marges de manœuvre. Je n'aime pas le mot de relance parce que cela ne veut pas dire grand-chose et c'est un peu dangereux. J. Chirac, *La Marche du Siècle*, 16 décembre 1992.

Discorde

Créée par tous ceux qui osent se mettre sur le chemin de l'Élysée alors que l'union (voir ce mot) autour d'eux serait si simple.

La situation de notre pays est suffisamment difficile comme ça, suffisamment difficile pour que de surcroît nous ne nous employions pas à répandre la discorde. É. Balladur, *L'Heure de Vérité*, 4 juillet 1993.

Discuter

En langage socialiste, s'étriper entre courants à coups de motions.

Je crois qu'il y a possibilité de discuter, à condition, dans l'état où nous sommes, de ne pas poser le problème en termes d'alliances, en terme de calendrier électoral, en termes d'arrière-pensées politiques. L. Jospin, *L'Heure de Vérité,* 14 novembre 1993.

Le Parti socialiste, ses militants qu'il faut écouter, vont se réunir, en discuter et ensuite nous dirons au gouvernement : « En tant que socialistes, nous avons réfléchi, voilà la proposition qui est la nôtre », et puis nous entrerons en discussion, c'est comme cela qu'il faut fonctionner. L. Fabius, 7/7, 19 janvier 1992.

Diversité

Prétention des jeunes ambitieux.

L'opposition doit accepter une discipline collective mais aussi sa diversité. C. Millon, *Le Grand Jury RTL-Le Monde,* 31 mai 1992.

[...] la nécessaire diversité qui fait notre richesse [...]. J. Chirac, *Le Parisien,* 25-26 septembre 1994.

Division

Multiplication des candidats à l'Élysée, obtenue

par un calcul compliqué réalisé au moyen de la machine à perdre (voir ce mot).

Je ne suis pas pour les divisions, alors je ne suis pas pour juger les autres, chacun fait comme il pense. J.-F. Deniau, *Forum RMC-L'Express*, 4 février 1994.

La France traverse une crise existentielle. Elle doute d'elle-même, de ses Institutions, de sa capacité à résister au souffle du déclin et de la division. C. Millon, Assemblée nationale, 8 avril 1993.

Doubler

$2 \times 0 = 0$.

Dans le budget, l'allégement des charges sociales a été doublé par rapport à l'an passé. N. Sarkozy, *Le Figaro*, 22 septembre 1994.

Douleur

Sensation désagréable, mais qui ne dure pas, éprouvée par le politicien dont les électeurs ne veulent plus.

Vous savez un échec électoral c'est toujours extrêmement douloureux à vivre [...]. C'est extrêmement douloureux, un échec électoral. S. Royal, *L'Heure de Vérité*, 26 juin 1994.

Droits

Généralement suivi de « devoirs ». Pas toujours, cependant.

La fonction que j'occupe me confère certains droits. F. Mitterrand, *L'Heure de Vérité*, 25 octobre 1993.

E

La pause-tendresse de P. de Villiers :
Eau de rose

Conventionnel, sentimental et mièvre (Petit Robert).

J'appelle « eau de rose » ce corpus de valeurs évanescentes du monde médiatique où l'expérience mimétique remplace l'expérience personnelle. P. de Villiers, *La société de connivence,* Albin Michel, 1994.

École

Les homme politiques sont attachés à l'école publique (Éna). Le reste est un terrain miné où il vaut mieux ne pas s'aventurer.

Je veux débarrasser l'école de cette crainte ou de cette conviction selon laquelle toute alternance politique s'accompagne d'un nouveau séisme. F. Bayrou, *Le Monde*, 2-3 mai 1993.

J'ai fait toutes mes études à l'école publique et, par conséquent, je reste très attaché à l'école publique, ce qui ne veut pas dire que je ne considère pas que l'enseignement privé existe. R. Barre, *7/7*, 16 janvier 1994.

Écologie politique

Branche de l'écologie comptant une dizaine d'adeptes, un peu plus de courants, et autant de candidats à l'élection présidentielle.

Quand il faudra faire des choix dans les semaines et les mois à venir, je ne suis pas de ceux qui pensent que l'écologie politique se construise avec les Lalonde, Waechter ou Mamère. D. Voynet, *Le Parisien*, 19 septembre 1994.

Écouter

Prêter l'oui, puis dire non.

Même lorsque l'on casse les vitres de mon conseil régional, je considère que c'est une forme de dialogue qui m'incite à écouter. G. Longuet, *L'Heure de Vérité*, 12 décembre 1993.

Le plus important dans le dialogue c'est l'écoute. V. Giscard d'Estaing, *Le Monde*, 4 juin 1991.

Écouter, ce n'est pas ne pas décider. É. Balladur, *Le Figaro,* 21 septembre 1994.

Efficacité

Qualité dont se prévalent traditionnellement les Premiers ministres, et dont, ont ne voit pas très bien à quoi elle s'applique hors leur capacité à faire augmenter le chômage.

Il n'y a pas d'efficacité dans le surplace. É. Cresson, 7/7, 19 mai 1991.

L'efficacité c'est d'aller plus loin. J. Chirac, *Le Monde,* 21 janvier 1992.

Je suis amateur d'efficacité. É. Balladur, *L'Heure de Vérité,* 4 juillet 1993.

Éjection

Lorsqu'un pilote, touché en plein vol par un missile, n'a pas eu le temps de s'éjecter lui-même, il est aidé par ses amis (voir ce mot).

Je ne pense pas qu'il faille assimiler un vote démocratique à une éjection. H. Emmanuelli, 7/7, 3 juillet 1994.

Élan

Mouvement de recul préparant un bond en arrière.

Il faut donner le maximum d'élan à une dynamique de rassemblement de la gauche. H. Emmanuelli, *Le Monde*, 22 novembre 1994.

Élection

Jeu de hasard où les Français perdent à chaque coup.

Je ne joue pas au jeu des pronostics parce que, pour moi [...] une élection n'est pas un loto. F. Wurtz, *L'Heure de Vérité*, 24 avril 1994.

On ne va commencer à transformer l'élection présidentielle en courses de chevaux. C. Millon, Europe 1, 21 septembre 1994.

Pourquoi ne pas choisir le candidat à la loterie ou au Millionnaire ? E. Hubert, *Le Figaro*, 24 novembre 1994.

Si tout cela n'était que querelles de personnes, alors oui, qu'ils jouent au 421. P. Séguin, *Le Monde*, 3 novembre 1994.

Restaurons la République plutôt que de jouer au loto présidentiel. J. Lang, *Le Monde*, 1er décembre 1994.

Élites

Énarques, membres des cabinets ministériels, ministres, Premiers ministres, chefs de partis, candidats à l'élection présidentielle.

Les élites portent une lourde responsabilité. J. Chirac, *Le Monde*, 19 décembre 1994.

(être) Élu

Voir « rêver ».

J'ai l'intention, dans la grande réforme constitutionnelle que je soumettrai dès que je serai élu [...] J.-M. Le Pen, *Le Figaro*, 14 novembre 1994.

Émotion

Affection politicienne particulièrement télégénique.

Je réagis tout d'abord, comme tout le monde, avec un sentiment de très grande émotion et de très grande satisfaction. A. Lamassoure, *L'Heure de Vérité*, 8 mai 1994.

Emploi

Les hommes politiques, plus encore que les cinq millions de chômeurs qu'ils ont fabriqués et dont ils ne feront jamais partie, sont obnubilés par leur futur emploi.

Si l'on veut créer une situation de plein emploi... il faut créer une situation nouvelle. V. Giscard d'Estaing, *Le Grand Jury RTL-Le Monde,* 25 septembre 1994.

(formules à l') Emporte-pièce

Prise de position tranchée et spontanée, spécialité des centristes.

J'aime bien les formules quelquefois à l'emporte-pièce. S. Veil, 7/7, 25 avril 1993.

Le Gouvernement n'a pas du tout discuté, donc je ne peux absolument pas me prononcer. S. Veil, 7/7, 25 avril 1993.

Vous constatez donc que nous étudions toutes les solutions possibles. S. Veil, Assemblée nationale, 24 novembre 1993.

Ce n'est pas décidé, rien n'est décidé. Nous avons déjà une réflexion sur ce sujet mais nous voulons aller dans le même sens que les autres Européens. S. Veil, 7/7, 19 décembre 1993.

Engagement

Mettre son action au service d'une cause ou d'un poste.

C'est pour moi un nouvel engagement, un combat pour un combat. B. Tapie, *De l'énergie pour l'Europe,* Éd. Radicales, 1994.

Enjeux fondamentaux

Syndrome d'origine technocratique se traduisant par une incapacité à s'exprimer clairement et pouvant conduire à un arrêt de travail prolongé.

Pour moi il n'est qu'une seule forme d'action : alimenter la réflexion publique de manière que les enjeux fondamentaux [...] occupent le centre de la discussion et en conditionnent l'issue. M. Rocard, *Le Nouvel Observateur,* 10 novembre 1994.

Le mot compliqué de P. de Villiers : Enjominé

? (Petit Robert).

[...] les « malfaisants partisans du non à Maastricht », [...] désignés à la vindicte comme des chouettes-effraies qui auraient, en quelque sorte, « enjominé le traité ». P. de Villiers, Avant qu'il ne soit trop tard, Albin Michel, 1994.

(s') Enrichir

Savoir choisir ses amis.

A travailler avec François Mitterrand, on s'enrichit. C'est un privilège. M. Rocard, TF1, 28 juin 1990.

Enrichissement personnel

Concept subtil établi afin d'amnistier ceux qui utilisent l'argent de la corruption pour s'emparer du pouvoir puis le conserver, et non pour s'acheter des voitures ou des maisons, de toute façon offertes par la République avec le produit du racket fiscal.

Il faut être d'une sévérité absolue avec ceux qui ont fauté et notamment fauté pour de l'enrichissement personnel, parce que nous devons être de ce point de vue parfaitement exemplaires puisque nous sommes des personnages publics. N. Sarkozy, *Le Grand Jury RTL-Le Monde*, 8 mai 1994.

Entendre

Il vaut parfois mieux être sourd que d'entendre certaines inepties...

Quant à Édouard Balladur, je ne l'ai jamais entendu [...] tenir des propos critiques à l'égard de Jacques Chirac. B. Pons, Europe 1, 12 septembre 1994.

Enthousiasme

Savoir dire « oui mais » lorsqu'on pense « oui » en espérant que le « non » l'emporte.

Je voterai oui à Maastricht en toute lucidité, sans enthousiasme, mais sans états d'âme, car lorsqu'il s'agit de la France et de sa place dans l'Europe, l'ambiguïté ne peut être de mise. J. Chirac, *Le Monde*, 7 juillet 1992.

Entreprise

Où l'homme politique peut se refaire quand, pour diverses raisons, il ne peut plus vivre sur l'argent du contribuable.

Une entreprise qui gagne de l'argent, vous la vendez mieux, une entreprise qui n'en gagne pas beaucoup, vous la vendez mal. G. Longuet, *L'Heure de Vérité*, 12 décembre 1993.

Erreur

Les hommes politiques, en définitive, se trompent moins qu'ils ne trompent.

Vous savez, quand je fais une erreur, je le reconnais très volontiers. É. Balladur, 7/7, 11 septembre 1994.

Espérance

La vertu chrétienne préférée des politiciens, incroyants, mais pratiquant les dimanche d'élections. Faute d'incarner l'Espérance, certains vont parfois jusqu'à s'imaginer en Dieu, ou en son homonyme de l'Élysée.

Il faut que le RPR présente aux Français un projet qui soit à la mesure des enjeux et leur offre une espérance. C. Pasqua, *Le Monde*, 20 octobre 1992.

Jacques Chirac poursuit sa trajectoire et il porte bien sûr des espérances. A. Juppé, 7/7, 5 septembre 1993.

Être socialiste, c'est être dans l'espérance d'un monde meilleur et sans doute plus solidaire et plus fraternel. P. Mauroy, *Le Grand Jury RTL-Le Monde*, 7 novembre 1993.

Les contacts que j'ai me laissent regarder un pays qui est abattu, qui est triste, mais qui brûle d'espérance qu'on lui propose une solution. J.-M. Le Pen, AFP, 31 mai 1994.

Pour avoir un candidat, il faut avoir la capacité de se remettre en mouvement et de réincarner une espérance. S. Royal, *L'Heure de Vérité*, 26 juin 1994.

Il faut travailler sur le principe de l'espérance. R. Hue, *Le Figaro*, 7 novembre 1994.

Estime

1. Mépris teinté de condescendance.

Quand je parle avec M. Balladur, qui est le Premier ministre, un homme très estimable avec lequel on peut toujours discuter, je ne cache pas ma pensée. F. Mitterrand, *L'Heure de Vérité*, 25 octobre 1993.

2. Mépris teinté de jalousie.

J'ai beaucoup d'estime pour lui. R. Monory, *L'Heure de Vérité,* 20 février 1994.

État de droit

Le politicien avisé préférera le beau temps à la pluie et l'État de droit aux rapports de forces.

Je suis pour un monde fondé sur l'État de droit et pas sur les rapports de forces. P. Séguin, 7/7, 27 juin 1993.

Éternel

Sans passé ni avenir.

Nous voulons redonner espoir en une gauche qui s'appuie sur des valeurs éternelles. M. Aubry, *Le Monde,* 22 novembre 1994.

Étiquette

Grand panneau collé sur le dos des hommes politiques, qui se transforme parfois en casserole.

Si des gens compétents sont là, qu'on les laisse. On ne doit pas regarder leur étiquette. R. Barre, *Forum RMC-L'Express,* 11 février 1994.

Je n'ai pas l'habitude de dire du mal ou du bien des

hommes en fonction de leur étiquette. B. Kouchner, *7/7*, 9 janvier 1994.

Être

En politique, un seul est Raymond Barre : Raymond Barre (voir ce mot).

Je ne m'interdis rien ! Je suis un homme libre. Je ne m'interdis jamais rien ! Je suis un homme raisonnable et j'examine les conjonctures et je me détermine en fonction des conjonctures. Donc rien, avec moi, n'est jamais exclu. R. Barre, *L'Heure de Vérité*, 28 novembre 1993.

Europe

1. Les hommes politiques sont tous pour une Europe forte, généreuse, démocratique, prospère, sociale, efficace, libre, créatrice d'emplois. Une seule liste aux élections européennes aurait coûté moins cher aux contribuables.

Je suis pour l'Europe de la croissance. J.-P. Chevènement, *7/7*, 3 mai 1992.

Je suis pour une Europe qui soit plus forte. J. Chirac, *Le Club de la Presse*, 16 septembre 1992.

Notre liste d'union UDF-RPR est fondée sur un projet, un projet européen, pour une Europe plus forte, plus effi-

cace, plus proche des gens. D. Baudis, 7/7, 29 mai 1994.

Je veux une Europe libre à l'intérieur et forte à l'extérieur. P. de Villiers, France 2, 2 juin 1994.

[Je suis pour] une Europe démocratique, pacifiée, engagée dans la voie d'une nouvelle prospérité, socialement avancée et rendue à ses véritables dimensions. P. Séguin, *Le Monde,* 3 novembre 1994.

2. Seuls quelques rares politiciens choisissent la franchise.

Il est impossible d'avoir un message flou ou ambigu sur l'Europe. C. Millon, *Le Monde,* 10 novembre 1994.

3. D'autres en appellent à la raison.

Je veux rendre l'Europe charnelle. B. Lalonde, *Le Monde,* 7 juin 1994.

Nous voulons une Europe gaillarde, aux bonnes joues, qui sente l'ail, l'huile d'olive et le beurre breton. B. Lalonde, *L'Heure de Vérité,* 8 juin 1992.

Je la trouve plutôt bonne fille, moi, l'Europe. B. Lalonde, *Le Monde,* 7 juin 1994.

4. Les Européens peuvent dormir tranquilles : le gouvernement travaille pour eux.

Si l'Europe va mieux aujourd'hui, l'action du gouver-

nement n'y est pas tout à fait étrangère. É. Balladur, *Le Figaro,* 30 août 1994.

Lorsque le premier ministre se bat sur le front du GATT, il se bat pour l'emploi en Europe, pas simplement en France. N. Sarkozy, *L'Heure de Vérité,* 6 juin 1993.

Évaluation

Travail d'experts précédant une concertation (voir ce mot) et annonçant des déconvenues.

Cette évaluation viserait à proposer des aménagements susceptibles d'apporter des améliorations par rapport à la maîtrise des coûts. J. Puech, *Le Monde,* 10 novembre 1994.

Éviter

Attendre un peu. L'homme politique ambitieux doit éviter de prononcer, par dépit, des phrases qu'il pourra regretter, lorsque enfin on lui proposera un poste.

Cette cohabitation-là n'est pas souhaitable et il faut l'éviter. B. Debré, *Le Figaro,* 15 février 1993.

Exclus

De la rue des Saints-Pères.

Je ne répugne pas, moi, à être le leader des exclus. B. Tapie, *Le Monde*, 21 décembre 1994.

Exclusion

Depuis vingt ans, nos gouvernants n'ont remporté qu'une victoire contre la misère : exclure ce mot de leur vocabulaire, et le remplacer par « exclusion »...

Il y a malheureusement depuis le début des années quatre-vingt un développement d'une France à deux vitesses et des phénomènes d'exclusion. E. Alphandéry, *Forum RMC-L'Express*, 18 février 1994.

Le plus important dans les banlieues, c'est de redonner l'espoir, c'est d'être capable d'attaquer l'exclusion par les bouts. M. Aubry, 7/7, 8 mai 1994.

Le chômage de longue durée, c'est l'antichambre de l'exclusion. H. Emmanuelli, 7/7, 3 juillet 1994.

Le discours sur l'exclusion n'est souvent qu'une façon sournoise d'éviter de parler de l'exploitation des masses. R. Hue, *Le Monde*, 4 octobre 1994.

2\. ... terme qui semble davantage inspirer nos technocrates.

Supprimons la zone d'exclusion d'emplois. V. Giscard d'Estaing, *Le Figaro*, 21 septembre 1994.

Exclusion (zéro)

Expression de politicien branché atteignant le degré zéro du discours politique.

L'objectif, c'est l'exclusion zéro. A. Madelin, *Le Figaro*, 6 septembre 1994.

L'objectif, c'est l'exclusion zéro. P. Séguin, *Le Monde*, 3 novembre 1994.

(ne rien) Exclure

1. Les seconds couteaux en fin de carrière aiment croire qu'ils font encore peur.

Je n'exclus rien. C. Pasqua, *Le Figaro*, 5 août 1994.

Je n'exclus rien. R. Barre, *Le Figaro*, 10 octobre 1994.

Je n'exclus rien. J.-F. Deniau, France Inter, 10 novembre 1994.

2. Variante :

On va voir. B. Lalonde, *L'Heure de Vérité*, 18 décembre 1994.

L'exclusion selon le candidat de rassemblement

Lutter contre l'exclusion, c'est lutter contre les exclusions. É. Balladur, *Le Monde*, 25-26 septembre 1994.

Exemple français

Il n'est pas d'exemple sous la Ve République que trois membres d'un même gouvernement aient dû démissionner en trois mois pour des affaires de corruption. C'est « l'exemple français ».

Défendre en toute circonstance un idéal moral. C'est ce que j'ai appelé l'exemple français. É. Balladur, *Le Figaro*, 30 août 1994.

Expert

1. Cible préférée des politiciens ayant la démagogie infuse...

Les écologistes sont la génération qui ne croit plus aux experts, qui n'a plus confiance. B. Lalonde, 7/7, 17 janvier 1993.

Plus il y a de chômeurs, plus il y a d'experts [...]. Puisque nous avons été élevés dans la religion des experts, la religion de la croissance, il est convenable de respecter ces grands-prêtres énarques qui scrutent pour nous l'horizon et découpent les poulets sacrés pour dessiner et prédire notre avenir. P. de Villiers, *La société de connivence*, Albin Michel, 1994.

2. ... mais qui sont bien obligés de remercier leurs nègres.

Je remercie tout particulièrement les experts de « Combat

pour les valeurs », qui m'ont guidé dans mes contacts et dans mes recherches [...]. P. de Villiers, *Avant qu'il ne soit trop tard,* Albin Michel, 1994.

(s') Exprimer

1. Manifester son absence d'envie de parler.

Je pense que chacun comprendra que dans la fonction qui est mienne je n'ai pas à m'exprimer sur ce sujet. É. Balladur, 7/7, 11 septembre 1994.

2. Refuser de dire ce dont tout le monde se moque.

Je dirais que ce serait un très mauvais service à rendre et à la France et à Édouard Balladur que de s'exprimer dix-huit mois avant les élections présidentielles. M. Barzach, 7/7, 23 janvier 1994.

3. Cacher ce que tout le monde sait.

Je pense que dans une formation politique il est normal que les sensibilités différentes s'organisent pour s'exprimer. H. Emmanuelli, 7/7, 3 juillet 1994.

4. Parfois, las de ne plus être entendus, les hommes politiques tentent d'être lus. Ils écrivent alors un livre, qu'ils appellent « roman », et continuent de nous raconter des histoires.

Je ne crois pas qu'il faut s'exprimer tout le temps sur tous les sujets. V. Giscard d'Estaing, *L'Heure de Vérité,* 24 octobre 1994.

F

Faibles

Futurs exclus (voir ce mot) dont on pourra alors parler, en hiver et à la télévision.

Je fais tout pour maintenir la protection sociale parce que c'est aux plus faibles qu'elle bénéficie et il faut les défendre. É. Balladur, 7/7, 17 octobre 1993.

Famille

1. Ensemble de personnes unies par une haine réciproque.

Moi, je me sens de la famille de ceux qui s'engagent. N. Sarkozy, 7/7, 28 juin 1992.

L'opposition, c'est une famille. Quand il y a une querelle, dans une famille, les torts ne sont jamais tous du même côté, ils sont par définition partagés. J. Chirac, 7/7, 24 mai 1992.

2. Épouse et enfants que l'on met en avant à chaque moment politique crucial (élection, démis-

sion, etc.). Maîtresses et filles naturelles n'en font pas encore partie.

Le seul mandat dont je ne démissionnerai pas, c'est l'éducation de mes enfants. G. Longuet, AFP, 20 octobre 1994.

3. Groupe de combat utilisant toutes les armes, notamment la menace et le chantage.

Comme toutes les familles, la nôtre a vocation à s'élargir [...]. P. de Villiers, TF1, 12 juin 1994.

(Réunion de) Famille

Congrès d'investiture.

La réunion prévue samedi n'est pas un congrès extraordinaire. C'est une réunion de famille. A. Juppé, France Inter, 1er novembre 1994.

La leçon d'anglais du professeur Delors :
Fast-food policy

Critique radicale de la société émotionnelle sans mémoire. J. Delors, *L'unité d'un homme*, Odile Jacob, 1994.

(il) Faut

Ce dont on peut se passer pour le moment, mais

qu'il ne faudra pas oublier de reproposer une fois revenu dans l'opposition.

Il faut utiliser le mieux possible l'argent des Français. B. Bosson, Assemblée nationale, 2 juin 1993.

Les thèmes favoris du candidat de rassemblement

Ces quartiers difficiles sont un de mes thèmes favoris. É. Balladur, *Le Monde*, 21 décembre 1994.

Fédéralisme

Nouvelle doctrine des Européens convaincus... que l'opinion de veut pas d'une Europe fédérale.

[Je suis pour] un fédéralisme décentralisé et respectueux des identités nationales. V. Giscard d'Estaing, France 2, 8 juin 1994.

Je suis pour une fédération des nations. J. Delors, *Le Figaro*, 9 décembre 1994.

Femmes

1. 50 % du corps électoral.

Une société ne saurait s'amputer longtemps d'une moi-

tié d'elle-même. J. Chirac, *Une nouvelle France,* NiL, 1994.

2. 50 % de la liste socialiste aux élections européennes de juin 1994.

Cet équilibre de ma liste européenne est le contraire d'un gadget, c'est le commencement de quelque chose. M. Rocard, 7/7, 13 mars 1994.

Fidélité

1. Aptitude diplomatique à conserver ses amis d'aujourd'hui en préservant ceux de demain.

Je suis fidèle à Jacques Chirac et loyal vis-à-vis du Premier ministre. A. Juppé, *Le Monde,* 7 septembre 1994.

Je suis fidèle à Jacques Chirac... Ma fidélité est inébranlable. Mais ma fidélité au Premier ministre l'est également, c'est une affaire de confiance. M. Giraud, *Forum RMC-L'Express,* 9 janvier 1994.

2. Qualité autorisant une noble vengeance à la suite d'une trahison.

J'ai rarement vu une majorité qui soit aussi fidèle et loyale au gouvernement. J. Chirac, La Sorbonne, 22 octobre 1994.

Les Français doutent de leurs gouvernants. J. Chirac, Paris, 12 novembre 1994.

3. Plaisanterie douteuse précédant la trahison.

Dans un monde où la déloyauté est la règle, vous me permettrez d'afficher, peut-être de manière provocante, ma loyauté à l'égard de Jacques Chirac. N. Sarkozy, 7/7, 28 juin 1992.

(bonne) Foi

1. Ce qui manque aux adversaires pour se rallier...

Personne ne peut contester de bonne foi la réalité des progrès accomplis. É. Balladur, *Le Figaro*, 20 décembre 1994.

Je souhaite, que sur cette question sérieuse, [...] l'honnêteté intellectuelle et la bonne foi soient au rendez-vous. J. Lang, AFP, 22 avril 1992.

2. ... mais ce qui n'empêche pas les électeurs, qui pourront toujours changer d'avis, de descendre dans la rue.

Je ne voudrais pas, en disant cela, froisser les gens de bonne foi qui sont allés manifester, car je suis certain qu'il y a eu des tas de gens de bonne foi qui y ont été. N. Sarkozy, *L'Heure de Vérité*, 26 janvier 1992.

3. Ce qui devrait suffire à excuser les échecs du gouvernement.

Je pourrais en faire la liste, avec vous, de toutes les décisions impopulaires que j'ai été obligé de prendre. Ce qui est dans une certaine mesure, la preuve de ma bonne foi. Parce que si je n'avais en tête que des perspectives personnelles ou électorales, ce n'est peut-être pas les décisions que j'aurais prises. É. Balladur, *L'Heure de Vérité*, 4 juillet 1993.

Forces (vives)

Se distinguent des forces mortes par leur capacité à voter.

Le moment est venu de donner un véritable élan aux forces vives de notre pays. J. Chirac, *Le Monde*, 9 décembre 1994.

Formidable

Adjectif fréquemment utilisé par un ancien ministre de la Culture pour qualifier le fromage de chèvre, le président de la République ou lui-même.

Je voudrais dire simplement que, qui que nous soyons, Majorité ou Opposition, il faut croire à notre pays, à ce pays qui a des ressources formidables. J. Lang, 7/7, 3 octobre 1993.

(jouer) Franc-jeu

1. Se moquer du monde.

Une fois encore, jouons franc-jeu : j'aime Paris. Je souris quand je lis, [...], que je me prépare à briguer la mairie de Lille, ou celle de Rouen, ou celle de Nantes. Je n'ai nulle envie de changer. A. Juppé, *La tentation de Venise,* Grasset, 1993.

Je serai candidat aux prochaines élections municipales à Bordeaux [...]. Pour moi, c'est avant tout un choix du cœur. A. Juppé, *Le Monde,* 14 novembre 1994.

2. L'honnêteté intellectuelle caractérisant le postulant...

J'appelle à la franchise. A. Juppé, *Le Figaro,* 5 décembre 1994.

Il faut balayer les miasmes de la confusion et du double langage qui empoisonnent la vie du pays. A. Juppé, *Le Figaro,* 5 décembre 1994.

3. ... l'amènera, une fois élu, à se démettre de ses autres fonctions.

Bordeaux a besoin d'un maire à temps plein. A. Juppé, *Le Figaro,* 21 décembre 1994.

France

Voir « Ce pays ».

Franchise

Bêtise qu'il est bon de conseiller à ses amis (voir ce mot).

Je n'ai pas de conseil à donner à Monsieur Giscard d'Estaing. Il doit savoir que la clarté, la franchise et l'honnêteté, cela paie toujours. N. Sarkozy, *L'Heure de Vérité*, 26 janvier 1992.

Frappe (chirurgicale)

Se distingue du vulgaire bombardement par un surcroît de lâcheté verbale.

Il faut faire une frappe chirurgicale sur ces collines pour faire taire les canons qui massacrent femmes et enfants. N. Sarkozy, 7/7, 28 juin 1992.

Frappé

Caractérise le vrai-faux candidat miraculeusement préservé de la stupidité ambiante.

Je suis trop frappé, aujourd'hui, par le discrédit de la vie politique pour pouvoir y ajouter ma participation. C'est la raison pour laquelle je ne répondrai pas à cette question. C. Millon, Europe 1, 21 septembre 1994.

Fraternel

Qualifie les rapports de haine au sein d'une famille (voir ce mot).

Contrairement à ce que vous croyez, le Parti socialiste

est un parti fraternel. S. Royal, *L'Heure de Vérité,* 26 juin 1994.

Le mot compliqué de P. de Villiers : Fusionniste

? (Petit Robert).

Tout, dans Maastricht, converge sournoisement vers la mise en place du modèle fusionniste. P. de Villiers, *Notre Europe sans Maastricht,* Albin Michel, 1992.

G

Gauche-droite

Lorsqu'on part du centre et qu'on tourne en rond, il est difficile de se repérer. Mieux vaut alors compter sur le sens du vent.

Je ne sais plus très bien Mme Sinclair, ce que veut dire gauche et droite. Si vous pouvez me l'expliquer, je serais très content. B. Lalonde, 7/7, 17 janvier 1993.

La France ne doit pas être gouvernée à droite, elle ne doit pas être gouvernée à gauche, dans la mesure où ce sont des notions, aujourd'hui, vides de sens, c'est-à-dire qu'il faut, effectivement, gouverner ailleurs. P. Séguin, 7/7, 4 avril 1993.

De Gaulle (Charles)

Homme politique français (1890-1970), affectueusement appelé « le Général » par un certain nombre d'individus peu recommandables poursuivis pour captation d'héritage.

J'ai la conviction d'être parfaitement fidèle à la conception du général de Gaulle. É. Balladur, France 2, 26 octobre 1994

Gaulliste

Partisans d'une vie heureuse dans une France prospère et dans un monde en paix.

Si je suis gaulliste c'est parce que je crois que le monde doit être renforcé sans cesse, non seulement à l'échelle d'une nation, mais à l'échelle de la planète entière. P. Séguin, *Le Figaro*, 26 octobre 1994.

(du) Genre (de Raymond Barre)

Espèce particulière formée d'un seul élément.

Nous avons besoin de quelqu'un qui représente la probité et une espèce de consensus de nos élites, peut-être quelqu'un du genre de Raymond Barre. B. Lalonde, *Le Figaro*, 14 novembre 1994.

Gisement (d'emplois)

Voir « Bassin de main-d'œuvre » et « Gisement d'activités ».

[Cette situation] masque l'existence de gisements d'emplois qu'un meilleur équilibre mettrait au jour.

P. de Villiers, *Avant qu'il ne soit trop tard*, Albin Michel, 1994.

L'Europe doit exploiter au maximum les gisements d'emplois nouveaux. D. Baudis, *Le Figaro*, 9 juin 1994.

Gisement (d'activités)

Voir « Bassin de main-d'œuvre » et « Gisement d'emplois ».

Des gisements d'activités existent dans les domaines de la solidarité. M. Barnier, *Le Figaro*, 8 décembre 1994.

Globalement

A l'exception d'une centaine de ministres, anciens ministres ou élus, en prison, poursuivis ou en passe de l'être.

Nous avons en France... la chance d'avoir une classe politique qui, globalement, est d'une honnêteté scrupuleuse. M. Charasse, *7/7*, 5 juillet 1992.

Gouvernement

1. Panier de crabes...

Ce gouvernement [...] est une équipe resserrée, gage d'efficacité, une équipe équilibrée, gage de cohésion : un gouvernement bien dans l'esprit de la Ve République. B. Pons, Assemblée nationale, 8 avril 1993.

2. ... dont les membres auraient mieux fait de rester chez eux.

Il y a un mois, je n'aurai pas du tout pensé que j'allais entrer au gouvernement. J'étais au fond très satisfaite de mes activités au Parlement européen. S. Veil, 7/7, 25 avril 1993.

Gouverner

Préparer les prochaines élections.

Que le Gouvernement gouverne et ne se préoccupe que de gouverner jusqu'au mois de janvier. É. Balladur, 7/7, 11 septembre 1994.

Le mode d'emploi pour l'instant, c'est ce qu'attendent de nous les Français : gouverner et ne pas penser au reste. N. Sarkozy, *Forum RMC-L'Express,* 19 décembre 1993.

(sujet) Grave

1. Sujet qui intéresse les instituts de sondages...

Je vous remercie de soulever aujourd'hui ce problème extrêmement grave, même si notre réflexion n'est pas encore terminée sur les solutions à y apporter. S. Veil, Assemblée nationale, 5 mai 1993.

Je vous remercie du ton que vous avez employé pour

aborder cette grave question et évoquer ce drame. B. Kouchner, Assemblée nationale, 28 octobre 1992.

Sur une affaire aussi grave et aussi sensible, je m'en tiendrai aux faits et à la vérité. M. Barnier, Assemblée nationale, 5 mai 1993.

2. ... et dont les politiciens éprouvent quelques difficultés à ne pas rire.

Si le sujet n'était si grave, je me permettrais de vous dire que vous ne manquez pas d'humour. N. Sarkozy, Assemblée nationale, 3 novembre 1993.

Le sujet est suffisamment grave pour que j'y réponde avec le maximum de sérieux. S. Veil, Assemblée nationale, 24 novembre 1993.

Gravité (de la situation)

Héritage catastrophique de la gestion précédante.

Lorsque le nouveau gouvernement français est arrivé au pouvoir, il a pris conscience de la gravité de la situation économique. B. Bosson, Assemblée nationale, 18 mai 1994.

Groupe (de travail)

Dont l'objet est de travailler le plus longtemps possible sur un projet destiné à être enterré.

Les groupes RPR et UDF à l'Assemblée et au Sénat ont proposé à l'ensemble des groupes de la majorité des deux assemblées de constituer un groupe de travail chargé d'étudier la faisabilité des primaires. B. Pons, C. Millon, AFP, 15 novembre 1994.

H

Haine

Sentiment inconnu en politique, où règne la tolérance, voire l'amitié (voir ces mots).

Je ne suis pas avec le Front national parce que c'est la haine. N. Sarkozy, *L'Heure de Vérité,* 26 janvier 1992.

Je suis un homme sans haine ; je suis un combattant. M. Noir, RMC, 31 mai 1994.

Hélas

Par bonheur.

J'avais dit : si mes idées ne sont pas représentées, je serai candidat. Je constate que mes idées, hélas, ne sont pas représentées. P. de Villiers, AFP, 15 décembre 1994.

(façon) Heureuse

N'augure rien de bon.

Je crois qu'il faut pratiquer, ce que nous faisons au Gouvernement, et, finalement, de façon assez heureuse : écouter, expliquer et décider. P. Bérégovoy, 7/7, 4 octobre 1992.

Histoire

1. Évolution du monde, qu'un politicien français de la fin du XXe siècle tenta de marquer de son empreinte.

Je suis le premier responsable devant l'Histoire et devant nos contemporains du visage que prend et que prendra la France dans le monde. F. Mitterrand, *L'Heure de Vérité,* 25 octobre 1993.

Les Français l'ont décidé, voici que commence une nouvelle période de notre histoire... É. Balladur, Assemblée nationale, 8 avril 1993.

Une page de la longue histoire de notre pays est tournée. Sur celle qui s'ouvre, écrivons ensemble le premier mot : espoir. B. Pons, Assemblée nationale, 8 avril 1993.

2. Ensemble des plaisanteries que nous sert chaque nouveau gouvernement.

Je ne suis pas venu ici pour raconter des histoires. N. Sarkozy, *L'Heure de Vérité,* 26 janvier 1992.

2. Roman de chef d'État à la retraite.

Il y a longtemps que je me raconte des histoires. V. Giscard d'Estaing, TF1, 16 novembre 1994.

(grand) Homme

Longue vie et mémoire courte.

Les lois anti-juives : il s'agissait d'une législation contre les juifs étrangers, dont j'ignorais tout. F. Mitterrand, France 2, 12 septembre 1994.

[Les Croix de Feu du colonel de la Rocque] [...] au bout de quinze jours j'ai trouvé cela tellement ennuyeux que je n'ai pas insisté. F. Mitterrand, France 2, 12 septembre 1994.

« A bas les métèques », cela me paraît une expression horrible. F. Mitterrand, France 2, 12 septembre 1994.

Le parcours [de François Mitterrand] en fait un des grands hommes de notre temps. J.-L. Bianco, *Le Figaro*, 15 septembre 1994.

Je voudrais être très clair, le président de la République est un résistant authentique, son hostilité au régime de Vichy ne fait pas de doute, d'autant que lui l'a combattu au péril de sa vie, et son amitié pour la communauté juive dans ce pays ou pour Israël, tout le monde l'a connaît. L. Jospin, *L'Heure de Vérité*, 29 novembre 1992.

L'essentiel c'est que François Mitterrand ait été un

grand résistant, qu'il ait été du bon côté. P. Mauroy, AFP, 12 septembre 1994.

Aux yeux de millions de nos concitoyens, le chef de l'État est apparu émouvant et sincère, exposant sans fard sa vérité. P. Quilès, AFP, 13 septembre 1994.

(parfaitement) Honnête

Possibilité laissée au politicien de ne pas voler les Français.

[Au] Conseil général des Pyrénées-Atlantiques, il n'y a pas un centime qui soit distrait ni pour des affaires privées, ni même des affaires politiques. Donc, on peut être parfaitement honnête. F. Bayrou, 7/7, 14 février 1993.

(dimension) Humaine (des problèmes)

Souffrance de l'homme politique mis en examen.

La dimension humaine des problèmes qui se posent actuellement dans la majorité. V. Giscard d'Estaing, *Le Monde*, 4 octobre 1994.

Humilité

Attitude raisonnable à adopter face à ce qui nous dépasse.

Il faut regarder [la justice] avec humilité. M. Noir, RMC, 31 mai 1994.

Hypnose

Lorsque l'anesthésie (voir ce mot) n'a pas fonctionné.

Tout se passe comme si on voulait dicter aux électeurs un choix sous hypnose. J. Chirac, AFP, 15 décembre 1994.

Hypocrisie

Vertu politicienne caractérisant les Tartufes qui ont le culot de la dénoncer.

Il y a des gens qui jouent dans l'hypocrisie la plus totale. C. Évin, *Le Monde, 12* janvier 1992.

J'essaie de ne pas participer à l'hypocrisie du jeu politique. F. Bayrou, *L'Heure de Vérité,* 9 janvier 1994.

I

Idéal

Pouvoir (voir ce mot).

On porte en soi un idéal qu'il est difficile de mettre en œuvre, l'essentiel étant cependant de poursuivre sa route sans perdre la bonne direction. F. Mitterrand, *Le Monde,* 10 novembre 1994.

Je me bats pour un idéal. L. Fabius, *La Marche du Siècle,* 20 janvier 1993.

Idée

1. Envie subite et passagère de changer le cours des choses, qui vient à l'esprit soit après avoir été au pouvoir...

J'ai une certaine idée de ce que doit être la réforme de la société. L. Fabius, 7/7, 15 novembre 1992.

2. ... soit quand on y a renoncé...

J'ai quelques idées dans la tête, je les proposerai. J. Delors, *7/7*, 5 juin 1994.

3. ... soit lorsqu'on n'a aucune chance d'y accéder.

Il faut aider l'emploi. Et là il faut des idées simples B. Lalonde, *Forum RMC-L'Express*, 1er avril 1994.

4. Quand on est au pouvoir, on s'en méfie :

Méfions-nous des grandes idées générales qui sous prétexte d'expliquer tout, finissent par ne rien expliquer du tout. N. Sarkozy, *7/7*, 12 septembre 1993.

5. Ou bien, de peur de se tromper, on les adopte toutes.

Tout le monde doit se mobiliser, toutes les idées sont bonnes. S. Veil, Assemblée nationale, 17 novembre 1993.

Quelle est la grande idée qu'il fallait lancer qui n'ait pas été lancée ? É. Balladur, *L'Heure de Vérité*, 14 février 1994.

Identité

Utilité.

Le problème de l'identité du PR est posée. J. Rossi, *Le Figaro*, 17 octobre 1994.

Imagination

1. A associer à la volonté, à la foi, ou à tout autre attrape-gogos.

Ce débat exigera de la foi et de l'imagination. J. Chirac, Bordeaux, 5 septembre 1994.

Il ne faut pas que ce soit la technique qui gouverne, il faut que ce soient la volonté, l'imagination. H. Emmanuelli, 7/7, 3 juillet 1994.

L'administration des Finances, avec le sens de l'imagination, de l'à-propos et le sens pratique qui est souvent le sien [...]. N. Sarkozy, Assemblée nationale, 10 novembre 1993.

2. Point faible des hommes politiques sérieux.

Je n'imagine pas une seule minute que nous puissions avoir deux candidats aux élections présidentielles. C. Pasqua, 7/7, 18 septembre 1994.

3. Nécessaire au politicien pour nous raconter des histoires.

Les politiques ont un devoir d'imagination et de responsabilité. É. Balladur, *Le Figaro,* 8 novembre 1994.

Le mot compliqué de P. de Villiers : Impécuniosité

Manque d'argent (Petit Robert).

Ces taux d'intérêt élevés ne résultent pas seulement d'un soubresaut de l'Histoire, mais d'abord de l'impécuniosité des puissances publiques. P. de Villiers, *Avant qu'il ne soit trop tard*, Albin Michel, 1994.

Inacceptable

Ce qui se produit sous nos yeux.

Sauf à accepter l'inacceptable, c'est-à-dire la déchirure sociale et politique du pays [...]. J. Chirac, *Une nouvelle France*, NiL, 1994.

Indépendance

1. Obsession du général de Gaulle et de Brice Lalonde.

Notre trésor depuis vingt ans, c'est l'indépendance. B. Lalonde, *Le Monde*, 2 mars 1993.

2. Signe des temps, les politiciens parlent de moins en moins d'indépendance nationale et de plus en plus d'indépendance de la justice.

J'ai veillé à ce que, en aucune matière, il ne soit porté atteinte à l'indépendance des magistrats. M. Vauzelle, Assemblée nationale, 3 juin 1992.

La leçon de sociologie du professeur Delors : Ingénierie sociale

Comment dessiner un projet ? Le faire accepter en montrant non seulement les objectifs mais les voies et les moyens, pour le faire passer dans les faits en mobilisant ceux qui doivent agir. C'est toute l'ingénierie sociale qui est en cause. Mais pour cela, il faudra tenir aux Français un langage de vérité. J. Delors, *L'unité d'un homme,* Odile Jacob, 1994.

Injuste

Quand la réalité rattrape le politicien.

Tout cela me semble très injuste. B. Tapie, *Le Monde*, 21 décembre 1994.

Inquiétude

1. Angoisse justifiée des politiciens sur leur avenir.

Les Français [...] ont besoin d'être rassurés, parce

qu'ils sont inquiets. J. Chirac, *Le Club de la Presse,* 6 septembre 1993.

Il y a une France qui souffre. Il y a des gens inquiets. R. Hue, *L'Heure de Vérité,* 11 septembre 1994.

2. Parfois, un véritable homme d'État parvient à rassurer.

[Le RPR] est durablement installé dans la vie politique de notre pays, nous n'avons aucune inquiétude à nourrir là-dessus. É. Balladur, *Le Parisien,* 25-26 septembre 1994.

L'étonnement du candidat de rassemblement

Moi, ce qui me frappe le plus dans la société dans laquelle nous vivons, c'est l'inquiétude des hommes et des femmes qui est une inquiétude très grande. É. Balladur, *L'Heure de Vérité,* 14 février 1994.

Insister

Se résigner.

Je l'ai dit plusieurs fois, si Georges Marchais est resté membre du Bureau national, c'est à ma demande. Il a fallu beaucoup insister. R. Hue, *7/7,* 1er mai 1994.

Intégration

Les politiciens ont parfaitement réussi leur intégration dans le VIIe arrondissement de Paris.

[...] la France est un pays extraordinaire car c'est le seul pays au Monde qui a intégré des étrangers d'une manière j'allais dire, aussi enthousiaste depuis des siècles. Il ne faudrait pas que la France perde cette valeur. C. Millon, 7/7, 20 juin 1993.

Intellectuels

1. Vus à la TV.

La démocratie, la vraie [...] mérite mieux que ce théâtre d'ombres où ne s'incarnent que populistes et bateleurs. B.-H. Lévy, *Le Point*, 10 décembre 1994.

2. Qui ont trouvé l'erreur.

Des intellectuels m'écrivent pour me dire qu'ils sont intéressés par ce qui se passe aujourd'hui au PC. F. Wurtz, *Le Figaro*, 3 juin 1994.

Intelligence

Faculté qu'ont la plupart des hommes politiques de nouer des intrigues compliquées, d'imaginer des pièges tordus, d'inventer des mensonges sophistiqués, qu'ils n'hésitent pas à proposer de mettre au service de la France.

Que ceux qui s'énervent et ne procèdent plus que par communiqués vengeurs ou invectives fassent preuve d'intelligence et de tolérance. J.-L. Debré, *Le Figaro*, 21 octobre 1994.

Intérêt (de la France)

Ce dont les politiciens prennent connaissance en lisant les sondages d'opinion.

L'intérêt de la France serait que les Français soient appelés à se prononcer le plus vite possible. C. Pasqua, *Le Monde*, 28 mai 1991.

Intérêt (général)

1. Raison pour laquelle les hommes politiques renoncent à tout pour acquérir chauffeurs, gardes du corps et logements de fonction.

Je me suis engagé dans l'action politique il y a longtemps, derrière le général de Gaulle, et je n'ai jamais changé ! J'ai appris de lui une règle et une ligne de vie. On se détermine en fonction de ce que l'on croit conforme à l'intérêt général. C. Pasqua, *L'Heure de Vérité*, 19 juin 1994.

2. Somme des intérêts particuliers du parti au pouvoir.

Donc, si parmi les candidats en présence, il s'en trouve

qui me paraissent posséder les qualités nécessaires et correspondent à l'intérêt général [...]. C. Pasqua, *L'Heure de Vérité*, 19 juin 1994.

(sujet) Intéressant

Parmi les sujets désignés par les sondages (voir ce mot), ceux qui sont susceptibles de rapporter le maximum de voix.

Les clivages qui sont nécessaires en démocratie, devraient se faire sur les vrais sujets qui intéressent les Français. B. Kouchner, *L'Heure de Vérité*, 24 janvier 1993.

Ce sujet, qui intéresse beaucoup nos concitoyens, mérite au moins un peu d'attention ! J. Puech, Assemblée nationale, 1er décembre 1993.

J

Jacques

Lorsque, faisant fi de sa retenue naturelle, le Premier ministre de la France appelle publiquement un ami de trente ans par son prénom, c'est une déclaration de guerre.

Jacques est réfugié au RPR comme dans une citadelle. É. Balladur, *Le Figaro*, 24 octobre 1994.

Jamais

Précède un mensonge auquel quelques gogos croiront toujours. Les autres n'y font plus attention, et le reste n'a pas écouté l'émission.

Jamais dans l'histoire de la Ve République, il n'y a eu un tel plan de soutien de l'activité. N. Sarkozy, *Forum RMC-L'Express*, 19 décembre 1993.

La leçon de catéchisme
du professeur Delors : Janséniste

Sans m'en rendre compte, j'ai un comportement janséniste. J. Delors, *L'unité d'un homme*, Odile Jacob, 1994.

Jeunesse

1. Fraction susceptible de l'électorat.

Il n'y a pas d'avenir pour un pays se fâchant avec sa jeunesse. C. Bartolone, *Forum RMC-L'Express,* 18 mars 1994.

Si l'on veut que les jeunes nous écoutent et aiment la vie politique, il faut qu'ils pensent qu'ils sont au cœur de la politique. P. Douste-Blazy, Europe 1, 26 juillet 1994.

2. Un questionnaire et vingt-neuf mesures.

Ce que veulent les jeunes, c'est parler eux-mêmes de leurs vrais problèmes, de tous leurs problèmes. M. Alliot-Marie, Assemblée nationale, 27 avril 1994.

3. Les hommes politiques ne comprennent pas que les jeunes ne commettent pas leurs propres erreurs de jeunesse.

J'aimerais redonner en particulier à la jeunesse le goût

de la politique, qu'elle a perdu. B. Kouchner, *Le Figaro,* 7 septembre 1994.

Je crois que ce qu'il faudrait dire aux jeunes qui, à l'heure actuelle, ont leur avenir borné par le chômage, le Sida et d'autres problèmes de ce type, que la vie a été difficile pour nous aussi. C. Pasqua, 7/7, 24 avril 1994.

Journal

Permet au politicien de se tenir informé de ses décisions.

Pour le reste, que s'est-il passé dans telle société, dans l'actionnariat de Canal Plus, ce n'est pas mon affaire. Je suis comme vous, je l'apprends par le journal. É. Balladur, *L'Heure de Vérité,* 14 février 1994.

Je ne connais rien de cette affaire, sauf ce qu'on a écrit, ici ou là, de façon plus ou moins légère et rapide. J. Lang, *Forum RMC-L'Express,* 29 novembre 1992.

Journalistes

Ratés prétentieux et à l'entretien coûteux.

Les journalistes doivent être conscients de l'intérêt général. C. Pasqua, *Que demande le Peuple ?,* Albin Michel, 1993.

Juges

Irresponsables à la solde de l'opposition, assoiffés de médias et mettant en péril la démocratie.

Je veux des juges aux mains libres. P. Méhaignerie, AFP, 1er septembre 1994.

Il y a des juges, il faut leur faire confiance. F. Léotard, *L'Heure de Vérité*, 19 septembre 1994.

Justice

Institution surchargée depuis qu'elle fait son métier.

C'est à la justice de faire ce qu'elle doit faire. É. Balladur, 7/7, 11 septembre 1994.

Que la justice fasse son travail en toute tranquillité, en toute sérénité. G. Hermier, *L'Heure de Vérité*, 23 février 1992.

La justice fait son métier. M. Charasse, 7/7, 5 juillet 1992.

La justice doit passer quels que soient les gens impliqués. P. Séguin, 7/7, 27 juin 1993.

(juger la) Justice

Les politiciens de tous bords font preuve d'une

étonnante modestie depuis que la justice s'intéresse au monde politique.

Je considère qu'il n'est pas à un membre du gouvernement de porter un jugement sur la justice. G. Longuet, 7/7, 17 avril 1994.

J'ai confiance dans la justice mon pays. A. Madelin, *Le Monde,* 5 octobre 1994.

Justice (impitoyable)

Qui s'occupe de ses amis (voir ce mot).

Il faut absolument imposer l'idée d'une justice impitoyable. P. de Villiers, *L'Heure de Vérité,* 22 mai 1994.

Justice (indépendante)

Cauchemar des hommes au pouvoir.

Dans une démocratie, la justice est indépendante. P. Bérégovoy, Assemblée nationale, 15 avril 1992.

Je suis profondément attaché à l'indépendance de la justice. B. Pons, *Le Grand Jury RTL-Le Monde,* 24 avril 1994.

L

Laid

Qui exerce une attraction irrésistible malgré quelques petites imperfections (suicides, chantages, asssassinats, corruption, etc.)

Dieu, que la politique est laide quelquefois. M. Barnier, *Le Figaro,* 8 décembre 1994.

Langage

1. Tous énarques, par choix ou par mimétisme, les hommes politiques ont adopté le langage binaire des puces informatiques. Les mots viennent, comme les idées, deux à deux : courage et vérité, vérité et espoir, bonne foi et courage, etc. Ils feignent d'ignorer que la vérité est à l'espoir ce que la bonne foi est au courage et le courage à la vérité : un mot creux ajouté à un mensonge.

Notre pays ne reprendra durablement sa marche vers

le progrès que s'il entend le langage de la vérité et de l'espoir. É. Balladur, *Le Figaro,* 12 octobre 1994.

Je suis persuadé que dans cette affaire-ci, la bonne foi et le courage se feront entendre aussi. F. Bayrou, *L'Heure de Vérité,* 9 janvier 1994.

Je souhaite élaguer le terrain à tous ceux qui sont prêts à entendre un discours de courage et de vérité. P. Bérégovoy, *L'Heure de Vérité,* 17 novembre 1993.

2. Pour les jeunes, il existe un langage spécial que les politiciens ne maîtrisent pas encore parfaitement.

Le Gouvernement a, lui, choisi de parler aux étudiants le langage de la vérité. F. Fillon, Assemblée Nationale, 10 novembre 1993.

Leader

Qui suit le plus grand nombre.

Quelle est la vocation d'un chef, d'un leader, comme on dit aujourd'hui ? Je crois que c'est d'abord de savoir distinguer ce qui est essentiel de ce qui est l'accessoire. Ensuite, c'est de savoir ouvrir un dialogue, permettre à chacun de s'exprimer et, enfin, c'est de savoir décider, prendre une position et entraîner une majorité. C'est très exactement ce que j'ai fait [sur Maastricht]. J. Chirac, 7/7, 24 mai 1992.

Liberté

1. Droit reconnu à tous de se présenter à l'élection présidentielle.

Je suis attaché à ma propre liberté et je reconnais la liberté de tous tant dans cette assemblée qu'en dehors. É. Balladur, Assemblée nationale, 8 avril 1993.

2. Dans un mouvement politique, obligation de voter à mains levées.

C'est l'honneur d'un mouvement comme le nôtre que de laisser le libre choix à ses membres. J. Chirac, AFP, 7 juillet 1992.

3. Au gouvernement, droit reconnu de mentir.

Ma liberté est de dire ce que je pense. S. Veil, 7/7, 25 avril 1993.

4. Hors du gouvernement, droit de plaisanter un peu.

Il faut impérieusement respecter la liberté des magistrats. B. Tapie, 7/7, 23 octobre 1994.

J'ai tout le gouvernement derrière moi. Si vous ne me croyez pas, appelez Sarkozy ! B. Tapie, *Le Point*, 3 décembre 1994.

Liberté (d'expression)

Droit de bouder.

Ce qui est certain, c'est que j'entends garder ma liberté d'expression. P. Séguin, *7/7*, 4 avril 1993.

Ligne (politique)

Trait courbe et discontinu décrivant le passage d'un poste à un autre.

Je n'ai pas l'impression d'avoir modifié ma ligne politique. J.-P. Soisson, 1991 (cité par *Le nouveau dictionnaire des girouettes*, Robert Laffont, 1993).

Ligne jaune

La franchir rapporte 2,5 millions de voix.

P. de Villiers a franchi la ligne jaune. J.- P. Raffarin, *Libération*, 1er juin 1994.

(certaines) Limites

Lignes de séparation entre la vérité et le mensonge, effacées à force d'être franchies.

L'État a un devoir. C'est de rassurer. C'est de protéger et de défendre. Mais il a également un autre devoir, c'est de dire qu'il y a certaines limites qu'il ne faut pas dépasser. É. Balladur, *L'Heure de Vérité*, 14 février 1994.

(tête de) Liste

Qui enfle avant d'exploser en vol.

Je suis trop occupé par d'autres sujets en ce moment, pour me préoccuper de la tête de liste. A. Madelin, *L'Heure de Vérité,* 27 février 1994.

Logement (très social)

Préoccupation tardive d'un candidat qui aurait aimé emménager rue du Faubourg-Saint-Honoré.

[En 1995] en matière de logement, l'effort portera sur le logement très social. J. Chirac, AFP, 9 décembre 1994.

Logique (d'affrontement)

Insultes résultant de la volonté d'union (voir ces mots).

Redoutant que la logique d'affrontement entre l'UDF et le RPR ne l'emporte sur la volonté d'union [...]. G. Longuet, P. Méhaignerie, A. Rossinot, P.-A. Wiltzer, *Le Figaro,* 10 novembre 1994.

Logique (d'appareil)

Logique d'affrontement aggravée (voir ces mots).

[...] nous affirmons dès à présent que nous refusons

cette logique d'appareil. G. Longuet, P. Méhaignerie, A. Rossinot, P.-A. Wiltzer, *Le Figaro*, 10 novembre 1994.

Loyauté

Fidélité envers le plus offrant.

J'ai dit que j'étais membre du Gouvernement et que je serai donc loyal à son chef tant que je serai membre du Gouvernement et, là-dessus, personne ne pourra me prendre en faute. A. Juppé, 7/7, 27 février 1994.

Le mot compliqué de P. de Villiers : Luddisme

Destruction des machines industrielles par des ouvriers révoltés (Petit Robert).

On se plaint d'un nouveau luddisme, qui charge le progrès technique de tous nos maux. P. de Villiers, *Avant qu'il ne soit trop tard*, Albin Michel, 1994.

M

Machine à perdre

Appareil politique (voir ce mot) en proie aux flammes que ses incendiaires tentent de circonscrire.

Il faut arrêter la machine à perdre. J. Baumel, *Le Figaro,* 13 octobre 1994.

Je crains que la machine à perdre ne reparte. N. Sarkozy, *Le Figaro,* 17 octobre 1994.

Je crains que la machine à perdre soit en route. A. Paillé, *Libération,* 18 octobre 1994.

La machine à perdre s'est mise clairement en route. G. Longuet, *Le Républicain lorrain,* 18 octobre 1994.

La machine à perdre n'est pas grippée. A. Marsaud, *Libération,* 19 octobre 1994.

A force de dire que nous avons enclencher une machine à perdre, on va finir par en convaincre les Français. A. Juppé, *Libération,* 20 octobre 1994.

Nous sommes effectivement avec une machine à perdre. P. de Villiers, *L'Heure de Vérité,* 24 octobre 1994.

La vrai machine à perdre, ce sont les primaires. H. de Charette, *Le Figaro,* 24 octobre 1994.

La machine à perdre est la machine qui transforme le débat politique en cour de récréation. A. Juppé, *Libération,* 31 octobre 1994.

La leçon de philosophie du professeur Delors : Maïeutique

Au Commissariat général au Plan, la maïeutique est essentielle. J. Delors, *L'unité d'un homme,* Odile Jacob, 1994.

Maire

1. Fonction préférée des anciens ministres...

J'aime être maire, j'aime gérer ma commune. M. Charasse, 7/7, 5 juillet 1992.

Être maire de Blois, c'est une fonction belle qui me passionne [...] c'est une fonction merveilleuse. J. Lang.

2. ... ou de ceux qui aspirent à le devenir.

La fonction que j'apprécie par-dessus tout, c'est celle de maire. G. de Robien, *L'Heure de Vérité,* 3 juillet 1994.

Majeur

Qui a atteint l'âge de voter pour vous. Les politiciens aiment qualifier ainsi les Français, même s'ils les prennent, au mieux, pour des enfants légèrement attardés.

Je crois que les Français sont majeurs, qu'ils sont parfaitement capables de comprendre. É. Cresson, 7/7, 19 mai 1991.

Il me semble que les Français sont des gens suffisamment majeurs pour qu'on pose clairement le débat. N. Sarkozy, *Forum RMC-L'Express,* 19 décembre 1993.

Nos compatriotes sont majeurs. Ils ne peuvent élire le chef de l'État sous l'hypnose de quelques sondages. J. Chirac, *Le Figaro,* 12 novembre 1994.

(écrasante) Majorité

Façon de désigner le leader, dans les partis à forte tradition démocratique (FN, PC, RPR).

J'ai quand même été désigné comme candidat à ce que l'on pourrait appeler une écrasante majorité. Mais ce qui est vrai, c'est qu'il y a un certain nombre de camarades du Parti qui auraient souhaité un autre candidat. G. Marchais, *L'Heure de Vérité,* 21 février 1993.

Manière

Les manières de certains politiciens dépassent

tout ce que le monde de l'économie, de la banque, a connu...

La manière dont j'ai été humilié et calomnié dépasse tout ce que le monde de l'économie, de la banque, a connu. B. Tapie, 7/7, 24 octobre 1994.

Marginalité

Fantasme centriste.

Peut-être que, au fond, je suis plus marginale que je me crois. S. Veil, 7/7, 25 avril 1993.

Marseillais

Tapie (Bernard, Roger). Né le 26 janvier 1943 à Paris (XXe).

Marseillais je suis, Marseillais je resterai. B. Tapie, *Le Monde*, 21 décembre 1994.

Médias

Leur indépendance est garantie par le ministre de la Communication, par ailleurs porte-parole du candidat de rassemblement (voir ces mots) et principal adjoint du Premier ministre.

Le mieux serait que le pouvoir politique s'occupe le

moins possible des médias. É. Balladur, *Dictionnaire de la Réforme,* 1993, Fayard.

Mémoire

Le politicien doit avoir une bonne mémoire pour se souvenir de tout ce qu'il doit oublier en public.

Ça fait un an que l'on est ensemble, autour du Premier ministre, il n'y a pratiquement jamais eu, en tous cas, sauf si ma mémoire me trompe, de problèmes entre les ministres. N. Sarkozy, *La Marche du Siècle,* 6 avril 1994.

Mentir

Voir « Parler ».

Il n'y a pas à mentir, à travestir la vérité, on a tout intérêt à expliquer les dossiers de manière transparente et de dire clairement ce qu'on pense. N. Sarkozy, *L'Heure de Vérité,* 6 juin 1993.

Mère

Dix-huit millions d'électrices. Ne pas les oublier vers la fin du mois de mai.

Aujourd'hui c'est la fête des Mères, je pensais à ces femmes qui n'auront pas la visite ou le coup de téléphone de leur fils parce qu'il est tombé là-bas... D. Baudis, 7/7, 29 mai 1994.

Tout d'abord, permettez un aparté. Comme c'est la fête des Mères, de penser aux mères des petits paras français. J.-C. Martinez, *L'Heure de Vérité*, 29 mai 1994.

Militants

1. Ainsi se nomment leurs chefs.

Je suis un militant parmi les militants. R. Hue, *L'Heure de Vérité*, 6 février 1994.

2. Bénévoles utiles pour la claque et qu'il ne coûte rien de flatter.

Quand on fait confiance aux militants, on a toujours raison. L. Fabius, *Le Monde*, 12 janvier 1993.

Les hommes politiques doivent moins leur carrière à leurs qualités propres qu'à l'ardeur et à la foi de leurs militants. J. Chirac, *Le Monde*, 29 novembre 1994.

Ministre

(Du latin *minister*, serviteur). Qui aime être servi.

Pendant très longtemps, je ne me voyais pas ministre et puis j'ai été heureux d'être ministre. B. Lalonde, 7/7, 17 janvier 1993.

Moderne

Dire n'importe quoi et le matraquer : c'est, au PC, de la communication moderne.

Je suis pour que les communistes soient résolument eux-mêmes, qu'ils soient modernes. G. Hermier, *L'Heure de Vérité*, 23 février 1992.

Vous avez parlé tout à l'heure des modernes et des anciens. Eh bien, moi je me situe parmi les modernes. G. Marchais, *L'Heure de Vérité*, 21 février 1993.

Ce que les députés communistes proposent, c'est de s'engager dans des choix modernes. A. Bocquet, Assemblée nationale, 8 avril 1993.

(confrontation) Moderne

Rivalité électorale rêvée entre un ancien technocrate énarque devenu politicien de 66 ans et un ancien militant syndical devenu technocrate de 69 ans.

Une confrontation Delors-Balladur serait moderne. Je suis sûr qu'elle intéresserait les jeunes. F. Léotard, TF1, 7 novembre 1994.

Modeste

Qui a toutes les raisons de l'être.

Moi, je suis modeste sur le sujet, je suis atterré qu'on

ait fait 340 000 chômeurs de plus en un an mais je reste modeste lorsqu'il s'agit de solutions. H. Emmanuelli, *7/7*, 3 juillet 1994.

Moment

Court espace de temps, largement suffisant pour un coup bas, une trahison ou un mensonge.

Chaque moment de la vie est beau, chaque moment de la vie politique est beau. F. Mitterrand, *Le Monde*, 22 novembre 1994.

(le) Moment (venu)

Quand cela me fera plaisir.

[Je prendrai] le moment venu la position [que je croirai] la plus utile et la plus justifiée dans l'intérêt général. J. Chirac, *Le Grand Jury RTL-Le Monde*, 17 janvier 1993.

(le) Monde (change)

Antienne (voir ce mot) des politiciens auxquels rien n'échappent et qui ne changeront jamais.

Je pense que nous changeons de monde, aujourd'hui. S. Royal, *L'Heure de Vérité*, 26 juin 1994.

C'est vrai, le monde a changé. L. Fabius, *Le Monde*, 21-22 février 1993.

Regardez le monde autour de nous : il bouge. A. Madelin, *Le Figaro*, 12 octobre 1994.

Monnaie (unique)

Horreur pour les antieuropéens, panacée pour les proeuropéens, interrogation pour ceux qui cherchent à s'attirer les voix de tous ceux-là.

De deux choses l'une, ou on veut avoir une monnaie unique, ou on ne veut pas. Moi je ne suis pas effrayé par la monnaie unique, je n'en suis pas non plus un défenseur très ardent. J. Chirac, *Le Club de la Presse*, 16 septembre 1992.

(dégradation) Morale

Multiplication des comportements malhonnêtes curieusement constatée sous le règne d'un Président connu pour détester les choses de l'argent.

Pour beaucoup de Français il y a prospérité, règne de l'argent et un certain refus d'en partager les profits, cela est une cause de dégradation morale. F. Mitterrand, Élysée, 12 avril 1992.

N

Naïveté

Simplicité et franchise caractérisant le politicien (voir « [jouer] Franc-jeu »).

L'homme politique est avant tout homme d'action, avec ce que cela comporte de naïveté et de courage. A. Juppé, *La tentation de Venise*, Grasset, 1993.

Naturel

Trop long à expliquer.

Si je demeure candidat naturel ? Naturellement. M. Rocard, AFP, 29 mars 1993.

(très) Naturellement

A coup de hache.

Entre Jacques Chirac et Édouard Balladur, celui qui aura le moins de chances d'être élu se retirera très naturel-

lement un ou deux mois avant l'élection présidentielle. P. Devedjian, *Le Parisien,* 26 septembre 1994.

Négocier

Reculer sans faiblesse.

En négociant sur les moyens, il faut éviter de compromettre les objectifs choisis. É. Balladur, *Dictionnaire de la Réforme,* Fayard, 1993.

Noyau dur

Particulièrement indigeste. C'est ce qui le distingue sans doute du noyau mou.

Comment fonctionnera le noyau dur ? P. Lellouche, *Le Figaro,* 30 novembre 1994.

Un noyau dur émergera nécessairement du fonctionnement de l'Union. R. Barre, *Le Figaro,* 21 décembre 1994.

Noyau dur du noyau dur

Ambition de pépin mou.

L'entente franco-allemande est le noyau dur du noyau dur. R. Barre, AFP, 15 décembre 1994.

O

Oasis de tranquillité

Champ de mine entouré de « snipers » (voir ce mot).

Le gouvernement est un oasis de tranquillité. F. Léotard, France 3, 18 octobre 1994.

Objectif

But à atteindre, quand on a renoncé à l'Élysée.

On a perdu de vue que l'objectif de l'activité humaine, c'est la recherche du bonheur, de l'équilibre, de l'harmonie, le bien-être des concitoyens. J.- M. Le Pen, *Le Figaro*, 9 juin 1994.

L'objectif du candidat de rassemblement

Premier objectif de la réforme : l'honnêteté du discours. É. Balladur, *Dictionnaire de la Réforme*, Fayard, 1993.

Obsédé

Se dit d'un simple citoyen en proie à l'idée fixe selon laquelle il ne faut pas avoir l'air préoccupé par l'élection présidentielle.

Le fait que mon nom figure comme tête de liste [à Clermont-Ferrand] montre que je ne suis pas un obsédé de l'élection présidentielle. V. Giscard d'Estaing, *Le Figaro*, 21 septembre 1994.

Les obsessions du candidat de rassemblement

Retrouver la croissance, telle est mon obsession depuis mars 93. É. Balladur, *Le Monde*, 12 décembre 1994.

Moi, j'ai l'obsession du rassemblement. É. Balladur, TF1, 5 décembre 1994.

Optimisme

Les hommes politiques ne comprennent pas que l'optimisme des Français décline après chacune de leurs apparitions télévisées.

Ce qu'il y a d'important, c'est de faire en sorte qu'un sentiment d'optimisme gagne à nouveau l'ensemble de nos concitoyens. É. Balladur, 7/7, 11 septembre 1994.

Originalité

Il n'est pas trop tard, pour proposer une politique originale, lorsqu'on a perdu le pouvoir après l'avoir occupé pendant dix ans.

C'est dans la remise en cause fondamentale, par la réforme démocratique, de l'ordre établi, qui fera l'originalité de notre action. L. Mermaz, AFP, 3 novembre 1993.

Ouverture

Tentative de verrouillage de l'opposition en la faisant entrer au gouvernement.

Michel Rocard avait ainsi joué au mieux du mythe symbolique de l'ouverture. J.-P. Huchon, *Jours tranquilles à Matignon*, Grasset, 1993.

Ouverture (d'esprit)

La politique ouvre l'esprit sur l'art du mensonge et le referme aussitôt.

J'aime la politique parce qu'elle donne une extraordinaire ouverture d'esprit. A. Juppé, *La tentation de Venise*, Grasset, 1993.

P

Pacte permanent de partenariat et de parité

Promesse perpétuelle de parjure et de perfidie.

[Il faut avec le RPR] un pacte permanent de partenariat et de parité. V. Giscard d'Estaing, *Le Monde*, 4 octobre 1994.

Pacte républicain

Version fumeuse du « contrat social » (voir ces mots).

Changer l'éducation, c'est restaurer le pacte républicain. J. Chirac, *Le Figaro*, 18 novembre 1994.

Ces réformes doivent s'insérer dans un pacte républicain. C. Millon, *Le Monde*, 7 décembre 1994.

Paix

En politique, la paix entre amis (voir ces mots)

s'obtient par la mort de l'un (rarement), ou par la réconciliation (jamais).

C'est un projet pour la France. Je veux que les Français vivent dans une zone de paix et qu'ils s'y installent pour longtemps, sinon même pour toujours. F. Mitterrand, Élysée, 12 avril 1992.

Il fallait que le pays connaisse un minimum de paix politique. É. Balladur, 7/7, 11 septembre 1994.

Parler

Voir « mentir ».

Je ne suis pas là pour parler, n'est-ce-pas ? Et je suis là pour agir. C. Pasqua, *L'Heure de Vérité*, 19 septembre 1993.

Le Premier ministre nous a fixé une règle, et personnellement je trouve cette règle merveilleuse, elle me plaît énormément, ça consiste à demander aux ministres de ne pas parler de la présidentielle avant l'échéance, c'est-à-dire avant 1995. E. Alphandéry, *Forum RMC-L'Express*, 18 février 1994.

Parler bien

Faculté de dire n'importe quoi sur tout, en conservant un sérieux imperturbable et un sourire télégénique.

Je crois qu'on ne parle bien que de ce qu'on connaît. R. Monory, *L'Heure de Vérité*, 20 février 1994.

Parler vrai

Expression inventée par un vieux politicien incompréhensible, et reprise par un jeune comique.

Moi, je voudrais un gouvernement qui parle vrai. N. Sarkozy, *L'Heure de Vérité*, 26 janvier 1992.

Le mot compliqué de P. de Villiers : Parthénogenèse

Reproduction sans fécondation dans une espèce sexuée (Petit Robert).

Nous sommes sous l'empire de cette parthénogenèse, de cette fission gémellaire, qui produit indéfiniment des jumeaux d'experts à l'identique. P. de Villiers, *La société de connivence*, Albin Michel, 1994.

Passion

Pour le politicien écarté du pouvoir, sa passion est un chemin de croix.

C'est cette passion que m'habite, c'est le dévouement de la chose publique. C. Millon, 7/7, 20 juin 1993.

(Ce) Pays

La France.

Si l'on ne réforme pas ce pays, on ne résoudra pas les problèmes du pays. N. Sarkozy, *L'Heure de Vérité*, 6 juin 1993.

Il faut réapprendre à parler au cœur, à l'imagination et à la jeunesse de ce pays. J. Lang, TF1, 12 juin 1994.

Ce pays, qui est le nôtre [...]. J. Lang, TF1, 21 septembre 1994.

Pêcheurs

A la pêche aux voix, le piège est parfois un peu grossier.

Il s'agit d'hommes fiers, courageux, qui ont un métier extraordinairement difficile, un des métiers, je dirais même, les plus prestigieux. É. Balladur, *L'Heure de Vérité*, 14 février 1994.

Il est bien évident que lorsqu'il n'y aura plus de poisson, il n'y aura plus de pêcheurs. J. Puech, Assemblée nationale, 30 juin 1993.

Pédagogie

Art d'éviter les vraies questions.

Je crois que tous les gouvernements, qui se sont succédé,

n'ont pas assez fait de pédagogie, n'ont pas assez prévenu l'opinion publique de ce qui allait se passer. R. Monory, *L'Heure de Vérité,* 20 février 1994.

Pensée (nouvelle)

La pensée nouvelle est à la pensée ce que la cuisine nouvelle est à la cuisine : la même chose en plus léger.

Je suis convaincu que le temps vient d'une nouvelle pensée, qui s'efforce de rassembler la question sociale, le problème de la compétition et de l'efficacité économique mais aussi de la question naturelle, écologique et la question démocratique. L. Jospin, *L'Heure de Vérité,* 28 février 1993.

(dire ce que l'on) Pense

Se taire.

J'aime bien dire ce que je pense. F. Léotard, *L'Heure de Vérité,* 19 septembre 1994.

(malheur des) Personnes âgées

Drame des sexagénaires contraints à renoncer à l'élection présidentielle.

Il faut donc trouver une solution humaine pour répondre aux besoins des familles, qui sont très préoccupées par le malheur de leurs personnes âgées. S. Veil, Assemblée nationale, 5 mai 1993.

Personnellement

Permet de souligner que le Premier ministre n'a pas confié la responsabilité du pays à sa secrétaire.

La préoccupation sociale est au cœur de l'action d'Édouard Balladur. Il y veille personnellement. N. Sarkozy, *Le Figaro*, 22 septembre 1994.

Peuple

Qui n'appartient pas au monde politico-médiatique.

Nous sommes des élus du peuple, la première chose que nous avons à faire c'est de représenter le peuple. É. Cresson, 7/7, 19 mai 1991.

Si le peuple français, au fond, attend qu'on lui trace la voie, c'est aussi un peuple rebelle, qui n'aime jamais que l'on touche à l'essentiel, qui bouge toujours lorsque l'on touche à l'essentiel. S. Royal, *L'Heure de Vérité*, 26 juin 1994.

Le peuple selon le candidat de rassemblement

Le peuple ne se laissera pas duper longtemps par l'imposture. É. Balladur, *Dictionnaire de la Réforme*, Fayard, 1993.

Peur

Angoisse incompréhensible face à l'avenir.

Écoutez, arrêtez de jouer sur les peurs ! É. Guigou, *L'Heure de Vérité*, 22 mai 1994.

Plage

Étendue de sable située en Auvergne.

On doit pouvoir dégager une plage de création d'emplois. V. Giscard d'Estaing, *7/7*, 27 novembre 1994.

Polémique

A rejeter vigoureusement : les querelles d'ambitions divisent suffisamment les politiciens pour qu'on n'y rajoute pas des débats d'idées.

Je souhaite simplement que nous évitions la polémique sur un tel sujet. P. Bérégovoy, Assemblée nationale, 21 octobre 1992.

Pas de polémique sur un sujet comme celui-là ! M. Malvy, Assemblée nationale, 19 mai 1993.

Il vaut mieux aborder [cette question] sans esprit polémique. Michel Barnier, Assemblée nationale, 10 novembre 1993.

C'est vraiment le sujet à propos duquel il ne faut pas

faire de polémique. G. de Robien, *L'Heure de Vérité*, 3 juillet 1994.

Policiers

Responsables du maintien de l'ordre et de la popularité du ministre de l'Intérieur.

Notre ambition, c'est qu'il y ait le plus possible de policiers et de gendarmes dans la rue et c'est ce que nous allons faire. C. Pasqua, *L'Heure de Vérité*, 19 septembre 1993.

Politique

1. Métier visant la conquête du pouvoir et rémunéré par l'argent public. Les politiciens préfèrent parler de la politique en général plutôt que de la politique qu'il faudrait mener...

Pour moi, la politique c'est le refus de la fatalité. L. Jospin, *L'Heure de Vérité*, 14 novembre 1993.

La politique, c'est l'art du possible. A. Rossinot, *Le Club de la Presse*, 17 janvier 1994.

Moi, ce que j'attends de la politique aujourd'hui, c'est qu'on me dise, voilà ce que je veux faire de la France dans dix ans, voilà où je veux la conduire. D. Strauss-Khan, *L'Heure de Vérité*, 13 février 1994.

Pour moi la politique c'est débattre avec les Français,

les enfants, les exclus et nos aînés. J.- P. Soisson, *Le Figaro*, 5 septembre 1994.

Ce qui compte dans la politique, c'est les projets. V. Giscard d'Estaing, *Le Parisien*, 23 septembre 1994.

La politique, ce n'est pas l'art du possible, c'est l'art de rendre possible ce qui est nécessaire. J. Chirac, *Le Parisien*, 25-26 septembre 1994.

2. ... sauf quelques rares politiciens habités par le seul intérêt public...

Ne mettons pas la politique tous le temps, dans toutes les discussions, franchement ! Je crois que l'on a pas besoin de cela. É. Balladur, *7/7*, 11 septembre 1994.

3. ... et leurs ami poètes.

Il faudra bien que la politique redevienne poétique au sens grec du terme c'est-à-dire créatrice. F. Léotard, *La place de la République*, Robert Laffont, 1992.

Politique (africaine)

Affaire de famille.

Je me suis toujours opposé aux tentations déclarées ou insidieuses de brader la politique africaine de la France. F. Mitterrand, *Le Monde*, 10 novembre 1994.

Politique (nouvelle)

Expression plus guère employée que par les politiciens qui n'auront plus l'occasion de la mettre en œuvre.

Nous avons initié une nouvelle manière de faire de la politique. M. Rocard, *Le Monde*, 6 juillet 1993.

Politique (politicienne)

Pléonasme.

Ne perdons pas notre temps à faire de la politique politicienne, parlons aux Français, soyons plus proches d'eux. P. Bérégovoy, 7/7, 4 octobre 1992.

(vraie) Politique

Antinomie.

Oublions les sondages, les arithmétiques électorales, les engouements et les empressements médiatiques qui pourraient ou voudraient nous éloigner ainsi de la vraie politique, de la vraie démocratie. J. Chirac, AFP, 22 septembre 1994.

Procès (de la politique)

En général, se termine par une auto-amnistie.

Le procès de la politique vient souvent du sentiment

que nos concitoyens ont qu'on ne veut pas agir, qu'on ne veut pas prendre de risques. N. Sarkozy, 7/7, 26 juin 1994.

Position

La politique compte beaucoup d'adeptes du kama-sutra, qui ont compris qu'il faut changer de position pour varier les plaisirs.

Ce ne sont pas des conflits, ce sont des positions différentes, c'est tout à fait normal ! S. Veil, 7/7, 19 décembre 1993.

Pouvoir

Objet de répulsion médiatique.

Le pouvoir ne nous intéresse pas, s'il ne nous permet pas de peser sur la réalité des choses. A. Waechter, *L'Heure de Vérité*, 2 février 1992.

Je n'aime pas le pouvoir. Je n'ai jamais pris de plaisir à exercer le pouvoir. Je fais ça comme un travail. H. Emmanuelli, *Le Parisien*, 2 avril 1993.

La possession du pouvoir n'est pas la seule fin ni la seule justification de la politique. É. Balladur, *Dictionnaire de la Réforme*, Fayard, 1993.

Le pouvoir et les privilèges ne sont pas mes priorités. B. Tapie, *Le Monde*, 21 décembre 1994.

Pragmatique

Qui a élevé la traîtrise au rang de doctrine.

Il faut être pragmatique, moi je ne suis pas un idéologue. J. Chirac, *Le Club de la Presse,* 19 mars 1993.

Il faut s'adapter. Il faut être pragmatique. É. Balladur, 7/7, 11 septembre 1994.

Précipitation

Hâte excessive à échouer à nouveau.

Il ne faut confondre hâte et précipitation. J. Chirac, *Le Grand Jury RTL-Le Monde,* 2 mai 1993.

Ne confondez pas vitesse et précipitation. M. Charrasse, Assemblée nationale, 17 juin 1992.

Précisément

Annonce une vérité très approximative.

Si je suis entré en politique, c'est précisément parce que je refusais, je rejetais un certain nombre de choses comme le mensonge ou l'injustice. P. Séguin, 7/7, 2 octobre 1994.

Je suis entré en politique pour servir mon pays et exprimer les convictions qui me paraissent les plus favorables au développement et à la prospérité de mon pays. P. Séguin, 7/7, 27 juin 1993.

Prématuré

Qu'il est trop tard pour entreprendre.

Parler de la candidature à l'élection présidentielle est une question tout à fait prématurée. J. Chirac, *Le Monde*, 7 septembre 1994.

Prendre ses responsabilités

1. Démissionner (voir « [tirer les] conséquences »).

Il appartient à chacun de prendre ses responsabilités, et en premier lieu à Michel Rocard. J. Lang, *Libération*, 13 juin 1994.

2. Se déclarer candidat (voir « [tirer les] conséquences »).

Je suis prête à prendre mes responsabilités. D. Voynet, *Le Figaro*, septembre 1994.

(campagne) Présidentielle

Préparer ses militants, mobiliser ses comités de soutien, réserver les panneaux électoraux, louer des permanences électorales, réfléchir à un projet, signer un livre. Puis se taire.

Et le Premier ministre nous a demandé de ne pas participer à ce débat avant la fin de l'année 94. Je serais donc malvenu de me lancer dans cette affaire. C. Pasqua, *L'Heure de Vérité*, 19 septembre 1993.

Je croyais avoir entendu le Premier ministre dire que c'est une question dont nous ne parlerions pas cette année. F. Bayrou, *L'Heure de Vérité*, 9 janvier 1994.

Le Gouvernement gouverne. Il redresse le pays. Il ne participe pas à la campagne présidentielle ou préprésidentielle jusqu'au début de l'année 1995. É. Balladur, *7/7*, 11 septembre 1994.

(élection) Présidentielle

L'élection présidentielle n'est pas l'affaire des partis, mais des Français en général, et de l'UDF en particulier.

L'élection présidentielle n'est pas l'affaire des partis, mais celle des Français. Je ferai tout ce qui est en mon pouvoir pour que l'UDF participe à l'élection présidentielle en soutenant un candidat issu de ses rangs. H. de Charette, *Le Figaro*, 24 octobre 1994.

Primaires

Procédure complexe visant à la désignation d'un candidat unique du RPR par tous les Français, imaginée par un homme politique espérant ainsi être choisi, acceptée avec enthousiasme par tous les leaders de la majorité et qui ne sera jamais appliquée parce que personne n'en veut.

Il y aura des primaires, parce que s'il n'y a pas succès des primaires, il y aura succès de l'opposition. N. Sarkozy, *L'Heure de Vérité,* 26 janvier 1992.

Il est impérieux d'organiser le choix d'un candidat unique de la droite et du centre grâce à la formule d'élections primaires. É. Balladur, *Dictionnaire de la Réforme,* Fayard, 1993.

Dans l'absolu, je ne suis pas contre les primaires sous une réserve, c'est que tous les Français y soient invités. P. Séguin, 7/7, 19 juin 1994.

Je suis prêt à appliquer l'accord sur les primaires. A. Juppé, Europe 1, 27 juin 1994.

J'avais donné mon accord à l'organisation de primaires. B. Pons, *Le Figaro,* 21 septembre 1994.

Les primaires sont indiscutablement le meilleur moyen de sortir de l'incroyable confusion politique actuelle. J. Baumel, *Libération,* 31 octobre 1994.

Je ne suis pas du tout contre. J. Chirac, 7/7, 6 novembre 1994.

Il est toujours possible d'organiser des primaires. J.-Y. Chamard, AFP, 8 novembre 1994.

Il est toujours possible de faire des primaires au mois de janvier. P. Méhaignerie, AFP, 8 novembre 1994.

Je ferai moi-même tout ce que je pourrai pour favoriser la mise en place des primaires. P. Mestre, *Le Figaro*, 12-13 novembre 1994.

[Les primaires] sont dans la droite ligne de la conception gaulliste. R. Nungesser, AFP, 16 novembre 1994.

J'ai toujours été favorable aux primaires. P. de Villiers, France 2, 20 novembre 1994.

Les primaires sont le seul moyen d'arriver à l'ordre. F. Bayrou, TF1, 20 novembre 1994.

Je m'inclinerai si la majorité tout entière et unanime le décide. C. Millon, AFP, 20 novembre 1994.

Si nous pouvons y arriver, nous aurons fait faire un pas assez important à la démocratie. F. Bayrou, *Le Monde*, 22 novembre 1994.

J'ai toujours été favorable aux primaires. P. de Villiers, *Le Monde*, 22 novembre 1994.

Il n'y a rien de plus simple que d'organiser des primaires. C. Pasqua, *Le Figaro*, 22 novembre 1994.

Principes

Stratégie du chef.

Au Front national, les ambitions passent toujours après les principes. J.-M. Le Pen, *Libération*, 1er septembre 1994.

Priorité

Ce dont il faut parler à la télévision.

Notre politique sociale... c'est la lutte contre le chômage, il n'y aura pas de sommeil pour nous, il n'y aura pas de repos. Notre priorité c'est cela. N. Sarkozy, *L'Heure de Vérité,* 26 janvier 1992.

(priorité des) Priorités

Parler à la télévision.

La lutte contre le chômage sera la priorité de nos priorités. A. Juppé, *Le Monde,* 9 février 1993.

(poser le) Problème

Soulever une question avec délicatesse de peur qu'elle explose au visage.

Ce n'est pas comme cela qu'il faut poser le problème. M. Rocard, *La Marche du Siècle,* 6 octobre 1993.

(vrai) Problème

Qui appelle une procédure (voir ce mot).

Il y a un vrai problème, et ce problème il faut le traiter. D'abord, c'est un problème que les grands pays ont su traiter. Moi, je souhaite que la France sache le traiter...

V. Giscard d'Estaing, *La Marche du Siècle,* 17 février 1993.

Procédure

Ensemble des règles d'organisation, des formalités à observer, des actes à accomplir pour parvenir à éviter de trouver des solutions (voir ce mot).

Il nous faut trouver maintenant, méthodiquement, avec sérénité, la procédure qui nous permettra de mettre en œuvre l'ensemble des dispositifs annoncés. A. Rossinot, Assemblée nationale, 5 mai 1993.

Procédure judiciaire

1. La même pour tous...

La justice doit être la même pour tous. Il est impensable dans un État de droit qu'elle soit plus ou moins sévère, qu'elle protège plus ou moins selon la profession ou la notoriété des personnes mises en cause dans une procédure judiciaire. P. Méhaignerie, Strasbourg, 5 mai 1994.

2. ... les ministres.

Le gouvernement m'a accordé les quelques semaines dont j'avais besoin. G. Longuet, *Le Républicain lorrain,* 18 octobre 1994.

Professionnel (de la politique)

Attire la rancune des chômeurs de la politique.

Il ne faut plus laisser la politique aux professionnels lors de la prochaine élection. B. Lalonde, *Le Monde,* 11 février 1992.

Jacques Chirac n'honore pas la profession. M. Rocard, 7/7, 13 novembre 1994.

(il faut) Progresser

Malgré leur bonne volonté, certains ne peuvent plus progresser : ils ont atteint le sommet de la langue de bois.

Il faut progresser dans la conscience des solutions possibles et réunir une majorité à l'élection présidentielle pour que se dégage une opportunité de changement. P. Herzog, *Le Figaro,* 8 novembre 1994.

Projet

Un candidat a pour projet d'être élu. Pour ce faire, il aura avantage à faire rédiger un catalogue de propositions, qu'il nommera « projet » et qu'il rangera dans un tiroir.

Un candidat à l'élection présidentielle, et nous l'attendons de tous les candidats, doit avoir un projet. J. Chirac, *Le Figaro,* 12 septembre 1994.

La démocratie ne peut s'épanouir sans projets. L. Jospin, *Le Monde*, 6 octobre 1992.

Moi, ce qui m'a toujours intéressé, c'est qu'on se dise quel projet on veut porter. D. Voynet, *Forum RMC-L'Express*, 11 février 1994.

Projet (de société)

A la différence du projet simple, passé par de nombreux comités, commissions, et groupes de travail avant d'être enterré, un projet de société ne sort pas des tiroirs.

Le gouvernement entend bien proposer quelque chose de nouveau, un nouveau projet de société pour les Français. P. Méhaignerie, Strasbourg, 5 mai 1994.

(contrat de) Progrès

Pour un salarié, accepter en échange d'une baisse de salaire immédiate d'être licencié un peu plus tard.

Les entreprises doivent s'engager avec les salariés dans de nouvelles formes de contrat de progrès. É. Balladur, Assemblée nationale, 8 avril 1993.

Promesses

Annoncer sans promettre : c'est la nouvelle honnêteté française.

[Stopper l'aggravation du chômage] C'est l'objectif que je me fixe, mais je ne peux pas faire de promesses en la matière. Je peux promettre de faire tout mon possible. É. Balladur, 7/7, 17 octobre 1993.

Proposer

Demander aux Français d'accepter richesse, santé et beau temps toute l'année en échange de l'accès au pouvoir.

Il faut que nous proposions aux Français une France qui soit capable d'apporter du travail à tous. A. Juppé, 7/7, 27 février 1994.

[Les Français] savent très bien qu'il faut du courage pour proposer ce que nous proposons. É. Balladur, *L'Heure de Vérité*, 4 juillet 1993.

Proposition

Voir « Plaisanterie ».

Je dois dire que moi ça ne me gêne pas, les propositions, bien au contraire. N. Sarkozy, *Le Grand Jury RTL-Le Monde,* 8 mai 1994.

Protection sociale

Domaine où il faut tenir aux Français un langage de vérité et de courage (voir ces mots), qui consiste à leur annoncer la baisse des remboursements, mais pas la hausse des cotisations qui suivra les élections.

Non, nous n'avons pas à craindre pour l'avenir de la protection sociale comme système de garanties collectives pour prendre en charge la maladie, la politique familiale et les retraites. Mais, dans le même temps, il faut se dire qu'on ne sauvera ce système de protection sociale que si nous sommes très rigoureux, si toutes les dépenses ont la plus grande efficacité possible et qu'éventuellement nous revoyions certaines dépenses qui étaient excessives. S. Veil, 7/7, 19 décembre 1993.

La prudence du candidat de rassemblement

Il faut toujours de la prudence. La prudence, c'est la forme du jugement dans l'action [...]. Il ne faut pas qu'elle soit partout, la prudence, il faut qu'elle soit là où elle doit être. Et le courage non plus ne doit pas être partout. Il doit être là où il doit être. É. Balladur, France 2, 28 juin 1994.

Q

Querelles

1. Partisanes ou de personnes, les querelles sont mauvaises comme les polémiques sont vaines et les politiciens menteurs.

Il faut éviter à tout prix les vaines polémiques et les mauvaises querelles. J. Chirac, *Le Monde,* 26 octobre 1994.

Il s'agit là d'une mauvaise querelle et vous vous faites l'excellent avocat d'une mauvaise cause. M. Vauzelle, Assemblée nationale, 3 juin 1992.

Nous sommes prêts à examiner de façon sérieuse, solide, en dehors des querelles partisanes, les questions qui peuvent concrètement se poser. J. Lang, *Le Figaro,* 22 avril 1992.

Je ne vais pas entrer dans des querelles de personnes. J.-F. Deniau, *Forum RMC-L'Express,* 4 février 1994.

Je souhaiterais que l'on ne gâche pas ce résultat par

une querelle qui n'a pas lieu d'être. É. Balladur, 7/7, 11 septembre 1994.

2. Elles heurtent la sincérité du citoyen de base.

J'ai souffert comme beaucoup de militants, de divisions et de querelles. M. Barnier, *L'Heure de Vérité*, 30 janvier 1994.

3. Elles rappellent les heures les plus noires de l'opposition.

Depuis ces dernières semaines, nous revivons des querelles qui ont fait tant de mal dans le passé. P. Méhaignerie, AFP, 10 juillet 1994.

Question

1. Interrogation pertinente d'un journaliste talentueux.

Vous posez une question très intéressante... P. Bérégovoy, 7/7, 4 octobre 1992.

Je suis très contente que vous me posiez cette question. S. Veil, 7/7, 19 décembre 1993.

C'est une question intelligente que vous me posez. A. Lamassoure, *L'Heure de Vérité*, 2 janvier 1994.

Je suis heureux que vous ayez posé la question. M. Rocard, *L'Heure de Vérité*, 16 janvier 1994.

C'est une bonne question, une vraie question. M. Barzach, *7/7*, 23 janvier 1994.

2. Remarque désagréable d'un plumitif aigri.

Je ne crois pas qu'il faut poser la question comme ça. J. Chirac, *Le Club de la Presse*, 16 septembre 1992.

Ce n'était pas la question mais c'est ma réponse. N. Sarkozy, *L'Heure de Vérité*, 6 juin 1993.

3. En fin de compte les hommes politiques préfèrent poser eux-mêmes les questions.

Essayons de poser la bonne question. Quand on pose la bonne question, on trouve généralement les bonnes réponses. A. Madelin, *L'Heure de Vérité*, 27 février 1994.

Quinquennat

1. Projet des candidats à l'élection présidentielle, qu'ils promettent de faire adopter sous leur règne et de faire appliquer par leur successeur.

Le mandat du président de la République devrait être réduit. É. Balladur, *Dictionnaire de la Réforme*, Fayard, 1993.

Je suis plutôt favorable au quinquennat. J. Chirac, *Le Point*, 2 décembre 1994.

2. Nécessité supposée pour un ancien Président,

qui croyait lasser au bout de sept années supplémentaires, et qui a lassé avant même d'être candidat.

Il est urgent de réduire la durée du mandat présidentiel. V. Giscard d'Estaing, *Le Monde*, 6 août 1991.

R

Rassembler

Volonté des hommes politiques de s'entre-déchirer pour prouver qu'ils sont les plus aptes à faire l'union des Français autour de leur personne.

Il faut rassembler différemment, redonner du souffle. B. Kouchner, *L'Heure de Vérité,* 24 janvier 1993.

Je crois que les socialistes savent se rassembler à chaque fois qu'ils ont des épreuves. S. Royal, *L'Heure de Vérité,* 26 juin 1994.

Mon intention, c'est de rassembler tous ceux qui sentent bien, aujourd'hui, que le pays est bloqué. A. Madelin, *L'Heure de Vérité,* 27 février 1994.

Il faut rassembler les forces. G. Marchais, *L'Heure de Vérité,* 21 février 1993.

Réaliste

Qui a le sens des réalités électorales.

Je vais vous faire une proposition simple et réaliste : une augmentation d'au moins 1 000 F pour tous les salaires inférieurs à 15 000 F par mois. R. Hue, *Le Monde,* 7 décembre 1994.

Recevoir

L'abbé Pierre devrait s'apitoyer sur les ministres qui souffrent de l'exiguïté de leur logement de fonction.

On était quarante et un parce que je ne peux pas recevoir plus de personnes dans notre petite salle à manger. N. Sarkozy, AFP, 16 septembre 1994.

Reculer

Faire demi-tour, puis marche arrière en accélérant.

La corruption recule. P. Méhaignerie, *Le Monde,* 24 septembre 1994.

Redressement

Décidé par le Premier ministre pour 1993, puis pour 1994, finalement reporté à 2002.

Moi, j'applique strictement la règle du Premier ministre : 94, c'est le redressement de la France. N. Sarkozy, *7/7,* 26 juin 1994.

Réforme

1. Modification, en pire, de ce qui allait mal. Dans l'euphorie de la victoire, un gouvernement commence en général par engager de nombreuses réformes.

[...] Un seul gouvernement, un seul chef de gouvernement n'a engagé autant de réformes, jamais. N. Sarkozy, *L'Heure de Vérité*, 6 juin 1993.

2. A ceux qui crient à l'imposture et se plaignent du conservatisme, le porte-parole persiste.

Je vous ai dit qu'on était là pour faire des réformes. N. Sarkozy, 7/7, 12 septembre 1993.

3. Le chef du gouvernement finit quand même par reconnaître les faits.

J'ai choisi un parti, celui de la réforme progressive. É. Balladur, 7/7, 17 octobre 1993.

4. Le porte-parole a compris.

Je crois profondément qu'on doit réformer au rythme qu'acceptent les Français. N. Sarkozy, 7/7, 26 juin 1994.

Le danger pour la réforme selon le candidat de rassemblement

L'anarchie est dangereuse pour la réforme. É. Balladur, *Dictionnaire de la Réforme*, Fayard, 1993.

Relation (personnelle)

Les hommes politiques gardent d'excellentes relations personnelles avec leurs adversaires à la buvette de l'Assemblée, même s'ils n'ont plus rien à dire à leurs amis de trente ans.

Les problèmes que j'ai à résoudre aujourd'hui ne sont pas ma relation personnelle avec tel ou tel, elles sont très bonnes avec Jacques Chirac [...]. É. Balladur, 7/7, 17 octobre 1993.

Renoncer

Offrir Matignon à un ami de tente ans.

J'ai été au pouvoir et j'ai su y renoncer. J. Chirac, 7/7, 6 novembre 1994.

Rénovation

1. Terme autrefois inventé par de vieux quadras pour y remplacer de plus vieux qu'eux dans les palais de la République mais qui ne réussirent qu'à franchir les portes des palais de justice. Plus guère usité de nos jours.

Il faut mettre en place, dès maintenant, des structures de réflexion et de proposition pour une indispensable rénovation du cadre institutionnel des pouvoirs de la République. J. Chirac, *Le Monde*, 29 octobre 1991.

Je pense que la rénovation doit être assurée par tous ceux qui ont la capacité à le faire, et je suis de ceux-là. L. Fabius, *Le Monde*, 21-22 février 1993.

2. On préfère aujourd'hui bâtir sur du vide...

C'est d'une refondation intellectuelle qu'il s'agit. M. Rocard, *Le Figaro*, 21 décembre 1994.

3. ... ou reconstruire sur des ruines.

Je suis candidat à la reconstruction. B. Kouchner, *L'Heure de Vérité*, 18 décembre 1994.

Repenser

Mot rare qui suppose qu'il y ait eu une première pensée.

Nous devons changer nos références et repenser notre relation au travail. B. Bosson, *Le Figaro*, 6 septembre 1994.

(je veux) Répondre

Permet de réfléchir au moyen de ne pas répondre.

Je veux répondre au fond parce que, pour une fois que je peux répondre au fond à cette question, permettez-moi de le faire. R. Hue, *L'Heure de Vérité*, 14 septembre 1994.

Reprise

Création de 10 000 emplois. Phénomène passé inaperçu par les 100 000 nouveaux chômeurs de la même période.

La reprise se manifeste, mais elle est loin d'être perçue par tous les Français. E. Alphandéry, *Libération*, 12 octobre 1994.

Réquisition

1. Manœuvre politicienne socialiste.

Une opération politicienne misérable. J. Tibéri, décembre 1992, cité par *Le Monde*, 21 décembre 1994.

2. Acte courageux de la droite.

La réquisition permet d'attribuer en toute légalité des locaux vacants. J. Tibéri, *Le Figaro*, 21 décembre 1994.

République

Du latin *res publica*, « chose publique ». Malgré cinq tentatives d'ouverture, l'accès au grand public n'est autorisé que certains dimanches, sur présentation de la carte d'électeur.

A travers ma propre expérience de l'injustice, de la manipulation du droit, de ce qui est autre chose « qu'une lettre de cachet », j'ai découvert peu à peu une République jeune et souriante. F. Léotard, *La place de la République,* Robert Laffont, 1992.

Responsable

Les hommes politiques feraient mieux de plaider l'irresponsabilité pour tenter de bénéficier d'un non-lieu.

Les électeurs doivent comprendre que, quand on est un homme politique, on se doit d'être responsable. N. Sarkozy, 7/7, 28 juin 1992.

Réussir

Parvenir à échapper à la prison.

[J'ai] cru que l'on pouvait valablement faire de la politique si on avait réussi dans d'autres domaines, en l'occurrence dans le monde de l'entreprise et dans celui du sport. B. Tapie, *Le Monde,* 21 décembre 1994.

Rêver

1. Imaginer cinq minutes de vivre un quart d'heure sans mentir...

De temps en temps, j'ai des rêves de fuites. A. Juppé, *La tentation de Venise,* Grasset, 1993.

2. ... et vite reprendre ses esprits.

Les hommes politiques ne sont pas là pour étaler leurs sentiments. A. Juppé, *Le Figaro,* 1er décembre 1994.

3. Pour certains jeunes, le rêve s'incarne dans un sexagénaire bedonnant, aux allures louis-philippardes.

Je rêve d'un candidat qui saurait parler à toute la France et pas simplement à une partie de la France. N. Sarkozy, 7/7, 26 juin 1994.

Révolution (culturelle)

1. Tour complet qui ramène au point de départ...

Il y a une révolution culturelle à refaire. J. Chirac, Sorbonne, 22 octobre 1994.

Il faut une révolution culturelle. P. Séguin, *Le Figaro,* 6 septembre 1994.

2. ... qui plaît aux contre-révolutionnaires.

En France, nous avons encore à faire notre révolution culturelle, notamment vis-à-vis des métiers manuels. P. de Villiers, *Avant qu'il ne soit trop tard,* Albin Michel, 1994.

3. Les effets sont connus : dix millions de morts en Chine, cinq millions de chômeurs en France.

J'appelle à une révolution culturelle sur le problème du chômage. P. Séguin, 7/7, 27 juin 1993.

Ridicule

Qui ment d'une manière si grossière qu'il finit par faire rire.

Heureusement, le ridicule ne tue plus, spécialement en politique ! Ce qui permet de laisser de l'espoir pour un certain nombre d'hommes et de femmes politiques. N. Sarkozy, *L'Heure de Vérité*, 26 janvier 1992.

Ruiné

Qui a perdu tout crédit moral.

La politique m'a ruiné. B. Tapie, *Le Monde*, 21 décembre 1994.

S

(Nicolas de) Sarkozy (Bosca)

1. Fils d'immigré hongrois vivant en banlieue parisienne.

Vous croyez que chez les Sarkozy, les difficultés, les douleurs, les chagrins ou les problèmes, par je ne sais quel miracle, ne nous touchent pas ? Nous sommes aussi malades, nous avons aussi des problèmes, nous avons aussi des chagrins […]. N. Sarkozy, 7/7, 26 juin 1994.

2. Ancien chef de l'antenne présidentielle de Jacques Chirac.

[…] nous avons aussi des difficultés. N. Sarkozy, 7/7, 26 juin 1994.

(grand) Saut

Version libérale du « big-bang ». Fini tout aussi mal.

Ce que nous avons voulu faire, […] c'est faire un grand

saut vers une forme d'expression politique nouvelle. F. Bayrou, 7/7, 14 février 1993.

La leçon d'économie du professeur Delors : Schumpéterien

Nous sommes toujours dans le processus schumpétérien de destructions créatrices qui font la croissance et l'emploi. J. Delors, *L'unité d'un homme*, Odile Jacob, 1994.

Le mot compliqué de P. de Villiers : Scorie

Déchet (Petit Robert).

Au bout du chemin, l'humanité entrevoit le marché parfait, purifié de toute scorie de singularité qui viendrait altérer l'échange indéfini entre les hommes. P. de Villiers, *La société de connivence*, Albin Michel, 1994.

SDF

Sans-argent, sans-travail et sans-espoir. Les sans-souci de la politique les aiment : ils leur ont donné un joli nom de trois lettres, un immeuble à Paris, et ont multiplié leurs effectifs.

J'ai passé ma matinée avec des sans domicile fixe. S. Veil, *Le Figaro,* 20 octobre 1994.

Sensibilité

Ainsi se qualifient sans rire certains politiciens pour atténuer la froideur de leurs calculs électoraux.

La majorité est très diverse [...]. Il y a des sensibilités différentes. P. de Villiers, *L'Heure de Vérité,* 24 octobre 1994.

Sensiblerie sociale

Compassion ridicule envers ceux qui ne peuvent s'offrir une Safrane de fonction.

Méfions-nous des accès de sensiblerie sociale. R. Barre, *Le Figaro,* 15 septembre 1994.

Sérieux

Dont il est difficile de ne pas rire.

C'est un sujet extrêmement sérieux que vous venez d'aborder et c'est — vous vous en doutez peut-être, même si l'ambiance, ici, peut vous porter à faire comme si vous croyiez le contraire — une préoccupation de tous mes instants. P. Quilès, Assemblée nationale, 14 octobre 1992.

Ce qui est merveilleux dans la télévision, c'est qu'on ne peut jamais aborder les problèmes de façon sérieuse ! J.-C. Martinez, *L'Heure de Vérité*, 29 mai 1994.

Servir

Souvent confondu avec le pronominal « se servir ».

Je vais vous dire : ma vie a été construite depuis toujours pour servir, pour servir les autres [...] moi, j'ai besoin de servir, de servir à quelque chose et de servir les autres, si la politique, un jour revient à moi et que c'est pour servir, pour servir à quelque chose dans un vrai projet. M. Barzach, 7/7, 23 janvier 1994.

(fin du) Siècle

Comme l'an mil, échéance fantasmatique propice aux vaticinateurs de fins de banquet.

Avant la fin de ce siècle, ou nous aurons réalisé le sursaut salvateur ou nous serons emportés avec ce qui reste dans le pays d'intégrité du territoire, de sécurité publique, paix publique, dans un cataclysme dont, en quelque sorte, les lignes directrices sont déjà en place. J.-M. Le Pen, TF1, 8 mars 1993.

Avant la fin du siècle, la région parisienne sera majoritairement étrangère. J.-M. Le Pen, *Libération*, 1er juin 1994.

Les campagnes du Front national n'ont jamais été excessives, encore moins extrémistes. J.-M. Le Pen, *Le Figaro*, 9 juin 1994.

Simple (citoyen)

Le citoyen compliqué qu'est le politicien est stupéfait lorsque, dans la masse de demeurés qu'il est censé représenter, un « simple citoyen » ose lui dire ce qu'il pense.

Personne n'oserait parler non seulement à son supérieur hiérarchique mais même à son voisin de palier comme le simple citoyen parle à son représentant. A. Juppé, *La tentation de Venise*, Grasset, 1994.

Simplement

Pour dire qu'on aurait mieux fait de se taire, deux heures ou deux jours avant.

Je serai candidat à l'élection présidentielle si Valéry Giscard d'Estaing et René Monory ne le sont pas. C. Millon, RTL, 10 novembre 1994.

J'ai simplement confirmé la nécessité de la présence d'un UDF dans la campagne présidentielle. C. Millon, *Le Figaro*, 12-13 novembre 1994.

Édouard Balladur sera candidat aux primaires en janvier. P. Balkany, RTL, 9 novembre 1994, (7 h 50).

J'ai simplement dit que je me réjouissais que M. Balladur soit favorable à l'organisation de primaires. P. Balkany, France 2, 9 novembre 1994, (13 h).

Si vous voulez bien

Quoique je préférerais vous mettre ma main sur la figure.

Je vais essayer de répondre à votre question si vous voulez bien. F. Bayrou, *L'Heure de Vérité,* 25 septembre 1994.

Snipers

Les Bosniaques ne meurent pas pour rien : la guerre en Yougoslavie a enrichi le vocabulaire politique français.

Il existe des snipers *dans la majorité [qu'il faut mettre] hors d'état de nuire.* F. Léotard, *Libération,* 5 septembre 1994.

Nous avons trop de Karadzic dans la majorité. A. Juppé, *Le Figaro,* 7 décembre 1994.

Socialiste

Être socialiste aujourd'hui, c'est espérer être représenté au deuxième tour de l'élection présidentielle.

Être socialiste aujourd'hui... c'est avoir des idées, c'est être porteur d'un grand projet. C'est aussi participer au mouvement du monde. P. Mauroy, *Le Grand Jury RTL-Le Monde*, 7 novembre 1993.

La leçon de sociologie du professeur Delors : Sociétal

Le social, tel que je viens d'en parler, on pourrait l'appeler le sociétal. J. Delors, *L'unité d'un homme*, Odile Jacob, 1994.

Société (civile)

Peu habitués à les rencontrer, les hommes politiques ont eu besoin d'inventer cette formule pour désigner ce que les gens appellent « les gens ».

Il s'agit à la fois de créer la démocratie participative et de permettre à la société civile de prendre enfin sa véritable place. M. Rocard, *Le Nouvel Observateur*, 10 novembre 1994.

L'invention politique ne se fait pas dans les partis. Elle se fait dans la société civile et dans les associations. B. Kouchner, *Le Grand Jury RTL-Le Monde*, 11 mai 1991.

Le poids de l'État, comme une chape de plomb posée

sur le société civile. P. de Villiers, *Avant qu'il ne soit trop tard,* Albin Michel, 1994.

(autre) Société

Société balladurienne, qui diffère de la précédente par quelques centaines de milliers de chômeurs en plus.

La marche vers l'autre société est engagée [...]. L'État a pour mission d'ordonner une autre société. É. Balladur, *Le Figaro,* 3 juin 1994.

La société selon le candidat de rassemblement

Nulle société ne peut vivre sans l'adhésion du plus grand nombre aux conceptions sur lesquelles elle repose. É. Balladur, *Dictionnaire de la Réforme,* Fayard, 1993.

Sœur Emmanuelle

Nouvelle coqueluche de nos politiciens, en passe de détrôner l'abbé Pierre, depuis que celui-ci a prétendu que la fidélité est le meilleur remède contre le sida.

[...] Sœur Emmanuelle, que je connais depuis que je travaille à Bruxelles. Elle est pour moi une source fantas-

tique de foi, de joie et d'espérance. J. Delors, *L'unité d'un homme,* Odile Jacob, 1994.

Sœur Emmanuelle, qui a connu si longtemps tous les désarrois des hommes, me disait il y a peu : « Tu vois, jamais une époque n'a été aussi évangélique que la nôtre. » J. Chirac, *Une nouvelle France,* NiL, 1994.

Solidarité

1. Préoccupation de certains hommes politiques de cœur, parfois incompris.

Je suis pour une France prospère mais pour une France solidaire et c'est là où est la différence, qu'on ne comprend pas toujours, entre les forces conservatrices et les forces de progrès. L. Fabius, 7/7, 19 janvier 1992.

2. Les conservateurs en cherchent encore la définition.

Une des grandes tâches des gouvernements de tous les pays, mais du nôtre en particulier, c'est de redéfinir une solidarité. É. Balladur, 7/7, 17 octobre 1993.

Solution

A rechercher, lorsqu'on a épuisé les procédures (voir ce mot).

Je vous remercie de poser cette question qui correspond effectivement à un vrai problème qu'il faut résoudre rapi-

dement. Je vais vous fournir la solution. J. Puech, Assemblée nationale, 19 mai 1993.

Sondage

Questions idiotes posées par les médias sur des sujets à la mode à des gens qui s'en moquent. Les hommes politiques méprisent ces sondages autant que les sondés. Ils ne tiennent compte que des sondages secrets qu'ils font réaliser eux-mêmes, qui posent de bonnes questions et donnent de bons résultats, le tout aux frais des sondés.

Je ne regarde pas tous les jours où j'en suis dans les sondages. Cela ne m'a jamais préoccupé. J.-P. Chevènement, *L'Heure de Vérité*, 17 novembre 1991.

Il faut un peu oublier les sondages sur les décisions qui sont à prendre quitte à être un peu impopulaire. B. Tapie, 7/7, 23 mai 1993.

Les sondages, il faut s'en méfier. A. Juppé, *Forum RMC-L'Express*, 21 janvier 1994.

Je ne me fie pas trop aux sondages [...]. B. Kouchner, *Forum RMC-L'Express*, 15 avril 1994.

Les sondages et la réalité, c'est parfois assez différent. C. Pasqua, 7/7, 24 avril 1994.

La politique ne se fait pas avec les sondages. B. Pons, *Le Grand Jury RTL-Le Monde*, 24 avril 1994.

Je n'ai pas l'habitude de prendre des décisions en fonction des sondages. H. Emmanuelli, 7/7, 3 juillet 1994.

2. Certains politiciens sont plus nuancés.

Les sondages faits à six mois des élections, cela n'a pas beaucoup de signification. J. Chirac, 7/7, 6 novembre 1994, (19 h 07).

Depuis que je suis candidat, c'est-à-dire depuis vingt-quatre heures, il y a eu un seul sondage, et ce sondage fait apparaître précisément que je ne baisse plus en même temps que le Premier ministre. J. Chirac, 7/7, 6 novembre 1994, (19 h 12).

3. D'autres se prennent à rêver.

Si on appliquait les sondages à tous les aspects de la vie publique... É. Balladur, Sorbonne, 24 octobre 1994.

Soutenir

1. Ne dire du mal qu'en privé.

Je vais soutenir l'action conduite par le Gouvernement parce que j'ai confiance dans sa capacité à mener la meilleure politique possible. J. Chirac, *Le Grand Jury RTL-Le Monde,* 2 mai 1993.

2. Faire dire du mal publiquement par ses lieutenants.

Ce que je constate, c'est que Jacques Chirac, qui est membre de la majorité, président du RPR, soutient sans états d'âme et très loyalement, la politique du gouvernement. B. Pons, Europe 1, 12 septembre 1994.

Soutien

Trêve tactique succédant à une trahison et précédant un lâchage.

Je suis membre du RPR et j'ai le soutien le plus complet, à la fois, des dirigeants, des militants et des électeurs des deux formations de la Majorité. É. Balladur, 7/7, 17 octobre 1993.

Tous mes amis et même mes adversaires m'apportent leur soutien. G. Longuet, *Le Figaro*, 18 octobre 1994.

Spectacle

Comédie bâclée, mal et trop jouée par des cabots ringards devant une salle vide. Vaguement honteux, les politiciens préféreraient jouer la comédie du pouvoir à huis-clos.

J'attends de vous [...] que nous ne donnions pas aux Français le spectacle de nos divisions. É. Balladur, *Le Figaro*, 19 octobre 1994.

Spirale (des déficits)

Tourbillon infernal créé par le gouvernement précédant et que devra combattre le prochain.

On a d'abord essayé de mettre fin à la spirale des déficits, parce que le déficit d'aujourd'hui, c'est tout simple, c'est l'endettement de demain, et l'endettement de demain, c'est l'impôt d'après-demain. N. Sarkozy, *Forum RMC-L'Express*, 19 décembre 1993.

Il faut casser la spirale du « laisser exclure ». B. Kouchner, *Le Monde*, 18-19 décembre 1994.

Sublimer

Faire passer de l'état solide à l'état gazeux. (Petit Robert).

Il faut que notre candidat soit capable de sublimer le PS. S. Royal, *Le Monde*, 14 décembre 1994.

(bien) Supérieur (du pays)

Celui du politicien.

La grandeur de l'homme politique ne consiste pas pour lui à être en accord avec l'instant, mais avec le bien supérieur de son pays. P. de Villiers, *La société de connivence*, Albin Michel, 1994.

Sympathique

A en croire nos politiciens, il faudrait être sympathique pour être élu président de la République. Il y a eu des exceptions.

Il faut quelqu'un qui soit sympathique et qui regroupe autour de lui. F. Bayrou, *L'Heure de Vérité*, 9 janvier 1994.

T

Tabou

Parler souvent de la nécessité de lever les tabous permet au politicien d'éviter les sujets que sa pudeur lui interdit d'aborder franchement : la réforme de la Sécurité sociale, sa vie privée, etc.

On ne doit pas avoir de tabous. N. Sarkozy, *Le Grand Jury RTL-Le Monde,* 8 mai 1994.

Le gouvernement a déjà dit qu'il était prêt à aborder ce débat sans tabou. C. Pasqua, Assemblée nationale, 1er décembre 1993.

Il faut lever des tabous et débattre librement et sans idées préconçues des grands problèmes. J. Chirac, *Le Figaro,* 10-11 février 1994.

Il va falloir s'attaquer à un certain nombre de tabous. V. Giscard d'Estaing, *Le Grand Jury RTL-Le Monde,* 25 septembre 1994.

Tâche (difficile)

La doctrine militaire gouvernementale est tout

en nuances. Seuls nos plus brillants rhéteurs peuvent l'exprimer fidèlement.

On ne me fera pas dire, [...] parce que je crois que je mentirais et que je ne serais pas à la hauteur de la tâche gouvernementale qui est une tâche difficile, que le rôle de l'armée est autre que celui d'assurer la sécurité de nos concitoyens. N. Sarkozy, *L'Heure de Vérité*, 6 juin 1993.

Tapie (Bernard)

1. Homme politique français (26 janvier 1943 - 14 décembre 1994).

Tapie a remarqué que quand il allait à des élections, il avait des ennuis. J.-F. Hory, *Libération*, 31 octobre 1994.

2. Missile antimissile...

J'ai été frappé en plein vol par un missile appelé Bernard Tapie. M. Rocard, *Le Figaro*, 10 décembre 1994.

3. ... qui a dû lui-même renoncer à voler.

La décision judiciaire visant Bernard Tapie est un nouveau coup porté à la gauche. A. Sainjon, AFP, 15 décembre 1994.

Qui saura combler le vide que laisserait dans la vie politique la disparition de Bernard Tapie ? G. Israël, AFP, 15 décembre 1994.

Je veux garder l'image d'un Bernard Tapie qui avait terrassé Le Pen [...], conduit un OM conquérant en Europe et dont les thèmes antiracistes étaient je crois sincères. J.-L. Bianco, AFP, 15 décembre 1994.

Le mot compliqué de P. de Villiers : Thaumaturgie

Magie (Petit Robert).

Il s'agit d'un nouvel exercice médiatique de thaumaturgie de la Commission de Bruxelles, afin d'alimenter et d'entretenir sa soif de puissance. P. de Villiers, *La société de connivence,* Albin Michel, 1994.

Taux d'intérêt

Permet au ministre de la Communication d'exercer ses talents d'économiste.

En huit semaines, les taux d'intérêt ont diminué de quatre points. Ça, c'est l'effet Balladur. N. Sarkozy, *L'Heure de Vérité,* 6 juin 1993.

Aujourd'hui, notre politique monétaire n'a qu'un choix : accepter la hausse des taux d'intérêt décidée par l'Allemagne ou la dévaluation du Franc. É. Balladur, *Dictionnaire de la Réforme,* Fayard, 1993.

Temps

Malgré un emploi du temps surchargé, nos gouvernants parviennent toujours à se ménager des moments de répits pour concocter leurs plaisanteries.

Mon ministère m'occupe 90% de mon temps. A. Juppé, TF1, 21 octobre 1994.

Je consacre 98% de mon temps à mon ministère. F. Léotard, TF1, 7 novembre 1994.

Le Premier ministre tiendra son engagement de se consacrer à 100 % au redressement du pays jusqu'à la fin de l'année. P. Devedjan, *Le Monde,* 5 novembre 1994.

Temps choisi

Possibilité pour cinq millions de sans-travail de chômer le matin, l'après-midi, ou les deux.

Il faut réaliser la révolution du temps choisi, pour tous. J. Delors, *Libération,* 12 octobre 1994.

Théoriser

Parler d'idées abstraites : vérité, honnêteté, etc.

J'ai trop théorisé le langage de l'honnêteté. É. Balladur, *Le Figaro,* 25 octobre 1994.

Ticket

Donnera à Jacques Chirac le droit d'entrer à l'Élysée, une fois par an, le jour de la fête du Patrimoine.

Dans deux ans, le ticket Balladur-Chirac sera un excellent ticket. J.-L. Debré, *Valeurs actuelles,* 7 janvier 1995.

Tissu (social)

Ne tient qu'à un fil.

Il faut trouver des solutions aux maux qui menacent de déchirer le tissu social de la nation. É. Balladur, Assemblée nationale, 8 avril 1993.

Tissu (politique)

Tissu de mensonges.

[Il faut] rétablir la cohésion du tissu politique français. V. Giscard d'Estaing, *Le Figaro,* 9 décembre 1994.

Tolérance

Vertu permettant l'exclusion de ceux qui ne la pratiquent pas.

La tolérance c'est que chacun s'exprime. G. Longuet, *Le Grand Jury RTL-Le Monde,* 5 septembre 1993.

(à) Tour de rôle

Tous les quatorze ans.

Accéder au pouvoir à tour de rôle est indispensable à la démocratie. F. Mitterrand, *Libération*, 22-23 octobre 1994.

Tout

Petit mot annonçant de grands mensonges.

On ne peut pas tout avoir : l'argent et le pouvoir, le niveau de vie et la notoriété. C. Millon, *Valeurs actuelles*, 3 décembre 1994.

Nous avons pris pratiquement toutes les mesures que l'on pouvait prendre dans tous les domaines. É. Balladur, *L'Heure de Vérité*, 14 février 1994.

Train (de mesures)

Lorsque le conducteur veut devenir chef de gare, il part rarement à l'heure et déraille souvent.

J'espère que, d'ici la fin du mois d'octobre, un premier train de mesures pourront être adoptées. É. Balladur, *7/7*, 11 septembre 1994.

Train (de vie)

Chez les hommes au pouvoir, il existe un

consensus pour considérer que le train de vie de l'État doit être diminué, et que le Falcon 500 du GLAM est plus confortable que le TGV.

Imaginez ce que l'on pourrait faire si l'État cessait de gaspiller, s'il réduisait son train de vie. J. Chirac, *La Marche du Siècle,* 16 décembre 1992.

Des économies ont été demandées sur le train de vie de l'État [...]. J'ai décidé une réduction de 30 % du nombre d'heures de vol du GLAM. É. Balladur, Assemblée nationale, 8 avril 1993.

Transparence

Permet tout juste de voir le rideau de fumée qui entoure les décisions gouvernementales.

Le Gouvernement, lui, a agi conformément aux engagements qui étaient les siens, dans une totale transparence. N. Sarkozy, *Forum RMC-L'Express,* 19 décembre 1993.

Travailler

C'est pour les hommes politiques une source d'émerveillement que d'imaginer qu'ils ne sont pas payés à ne rien faire.

Nous nous contentons de travailler. M. Aubry, Assemblée nationale, 20 mai 1992.

Nous travaillons beaucoup et nous travaillons vite. É. Balladur, Assemblée nationale, 21 avril 1993.

Le gouvernement travaille. N. Sarkozy, *Forum RMC-L'Express,* 19 décembre 1993.

U

Union

Les candidats sont sincèrement pour l'union autour de leur personne.

En ce qui me concerne, je jouerai le jeu de l'union jusqu'au bout. J'en accepte d'ores et déjà la discipline et le résultat. J. Chirac, *Le Monde,* 16 avril 1991.

Il faut toujours s'en souvenir, tous les échecs de l'actuelle majorité depuis vingt ans sont dus à ses divisions et tous ses succès sont dues à son union. É. Balladur, *L'Heure de Vérité,* 14 février 1994.

Utopie

Une vie politique sans homme politique.

Il convient toutefois de se garder des utopies qui donnent de l'espoir mais qu'on ne peut réaliser. S. Veil, Assemblée nationale, 17 novembre 1993.

V

(on) Va

Du verbe « aller ». Suivi généralement de « gagner », ou autre catastrophe.

On va influer sur la marche des choses, on va la modifier volontairement, on va redistribuer, on va faire en sorte qu'il y ait moins d'exclus et donc prendre une partie de la richesse produite pour financer l'emploi. H. Emmanuelli, *7/7*, 3 juillet 1994.

Valeur

Prix de la portion d'âme (voir ce mot) que le politicien est prêt à vendre pour se payer la tête des électeurs.

Si notre génération, privée de France et d'Europe des nations, ne retrouve pas le cours naturel de ces valeurs de survie, le monde entier se réveillera avec des cris. P. de Villiers, *La société de connivence*, Albin Michel, 1994.

La valeur à laquelle j'accorde le plus d'importance,

c'est l'indépendance. J. Delors, *Libération*, 29 août 1994.

Tous les socialistes doivent œuvrer pour que leur parti poursuive son chemin au service des valeurs qui sont sa raison d'exister. B. Fuchs, *Le Parisien*, 15 septembre 1994.

Vérité

Ce qui a été de tout temps caché aux Français et que, pour la première fois, le politicien honnête révèle.

On doit la vérité aux Français. N. Sarkozy, *L'Heure de Vérité*, 26 janvier 1992.

Il faut dire aux Français la vérité. B. Lalonde, *7/7*, 17 janvier 1993.

Je pense que les Français savent gré au Gouvernement d'avoir pris des mesures courageuses, avec le risque de l'impopularité, et sans leur avoir caché la vérité. É. Balladur, *7/7*, 17 octobre 1993.

Quand nous disons, aujourd'hui, « ça va mieux », nous disons la vérité. Nous disons une vérité qui est une vérité qui peut nous amener à la confiance. J. Toubon, *7/7*, 30 janvier 1994.

Je crois qu'il est très important que l'on connaisse la vérité. J. Lang, *7/7*, 25 septembre 1994.

Vice-Président

Idées d'un ancien président de la République oublié et dont personne ne se souvient.

Le vice-Président serait responsable de la justice en France. V. Giscard d'Estaing, 7/7, 27 novembre 1994.

Vide

Résulte d'un trop-plein d'ambitions.

J'ai le sentiment qu'il y avait un risque que le vide s'installe à gauche. L. Jospin, *Libération*, 6 janvier 1995.

La leçon de cosmologie du professeur Delors : Village-planète

C'est faire un pas vers le village-planète, dont l'horizon est encore lointain. J. Delors, *L'unité d'un homme*, Odile Jacob, 1994.

Villes

1. Agglomération de valeurs de gauche...

Permettez-moi, de conclure en déclinant ce très beau mot, l'un des plus beaux mots de notre langue française, le mot « ville », car il est au cœur de notre engagement républicain. [...] La ville, c'est « V » comme vérité. F. Loncle, Assemblée nationale, 17 juin 1992.

La ville est l'unité de base de la gauche. J.-C. Cambadélis, *Le Monde*, 27 septembre 1994.

2 ... où trafiquent de petits délinquants.

Bernard Tapie a été un très bon ministre de la Ville. F. Mitterrand, TF1, 14 juillet 1993.

Virtuel

Étape intermédiaire entre un passé incertain et un futur improbable.

Il faudrait se tourner vers ce que j'appellerais des radicaux virtuels. J.- F. Hory, *Libération*, 31 octobre 1994.

Vision

Fulgurance (plus ou moins) géniale.

Ma vision, c'est que la France doit conserver son identité, tout en ayant accepté, bien sûr, tous les apports, cela va de soi. V. Giscard d'Estaing, *L'Heure de Vérité*, 24 octobre 1993.

Il faut évidemment avoir une vision d'avenir. É. Balladur, 7/7, 11 septembre 1994.

Vocation

Dans ce sacerdoce qu'est la vie publique, les hommes politiques ne reculent devant aucun souverain poncif pour se faire passer pour des anges.

La France a une ambition, elle a une volonté : être une nation courageuse et active au service de la paix en Europe et dans le monde. C'est notre message, c'est notre vocation. É. Balladur, Assemblée nationale, 11 mai 1994.

Une vocation forte brisée soudainement, ça fait mal. M. Rocard, 7/7, 13 novembre 1994.

Voir

Faculté qu'ont certains hommes politiques lucides de prévoir aussi bien l'avenir des autres que le leur.

Je ne vois rien qui laisse à penser que Jacques Chirac et Édouard Balladur ne soient pas des amis. M. Roussin, *Le Grand Jury RTL-Le Monde,* 30 juin 1994.

Volonté (d'union)

Précède la logique d'appareil et aboutit à la logique d'affrontement (voir ces mots).

Redoutant que la logique d'affrontement entre l'UDF et le RPR ne l'emporte sur la volonté d'union, nous affir-

mons dès à présent que nous refusons cette logique d'appareil. G. Longuet, P. Méhaignerie, A. Rossinot, P.-A. Wiltzer, *Le Figaro*, 10 novembre 1994.

Z

Le mot du clown :
Zigoudou

L'Europe, c'est un outil avec plein de zigoudous partout. B. Lalonde, *Le Monde*, 7 juin 1994.

Sources citées

Presse écrite

Le Figaro
Le Monde
Libération
Le Parisien
Les Échos
Ouest-France
Le Républicain lorrain
Le Point
L'Express
Le Nouvel Observateur
Valeurs actuelles

Télévision

TF1 (*7/7*, journaux)
France 2 (*L'Heure de Vérité*, journaux)
FR 3 (*La Marche du Siècle*, journaux)

Radios

Europe 1 *(Le Club de la Presse)*
RTL *(Le Grand Jury RTL-Le Monde)*
RMC *(Forum RMC-L'Express)*
France Inter

Ouvrages

BALLADUR, Édouard, *Le Dictionnaire de la Réforme*, Fayard, 1993.

BARNIER, Michel, *Vers une mer inconnue*, Hachette, 1994.

CHIRAC, Jacques, *Une nouvelle France*, NiL, 1994.

DELORS, Jacques, *L'unité d'un homme*, Odile Jacob, 1994.

HUCHON, Jean-Paul, *Jours tranquilles à Matignon*, Grasset, 1993.

JOSPIN, Lionel, *L'invention du possible*, Flammarion, 1991.

JUPPÉ, Alain, *La tentation de Venise*, Grasset, 1993.

LÉOTARD, François, *La place de la République*, Robert Laffont, 1992.

PASQUA, Charles, *Que demande le peuple ?*, Albin Michel, 1993.

TAPIE, Bernard, *De l'énergie pour l'Europe*, Éditions Radicales, 1994.

VILLIERS (de), Philippe, *Avant qu'il ne soit trop tard*, Albin Michel, 1994.

VILLIERS (de), Philippe, *La société de connivence,* Albin Michel, 1994.

Divers

Petit Robert 1, Dictionnaire de la langue française, 1993.

Who's who in France, 1994.

Le nouveau dictionnaire des girouettes, Sophie Coignard et Michel Richard, Robert Laffont, 1993.

Dépêches de l'AFP.

Comptes rendus de séances de l'Assemblée nationale publiés au Journal officiel de la République française.

Documentation du Service d'intervention et de diffusion (SID).

Ce volume,
publié aux Éditions Les Belles Lettres,
a été composé
par Nord Compo 59650 Villeneuve-d'Ascq
reproduit et achevé d'imprimer sur Roto-Page
en février 1995
par l'Imprimerie Floch
à Mayenne.

N° d'édition : 3197. N° d'impression : 37147.
Dépôt légal : février 1995.
(Imprimé en France)